Kräuter*Lust*

URSULA BRAUN-BERNHART

*Kräuter*Lust

KOSMOS

SERVICE
Seite 124

REGISTER
Seite 125

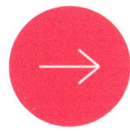

GESTALTEN & DEKORIEREN
Verführerisch schön

Kräuterglück will geplant sein 10
Geometrische Beetformen 14
Bauerngarten & Kräuterspirale 16
Beete hübsch eingerahmt 22
Pflanzendüfte sind nicht zu übertreffen 24
Rosen und Kräuter 26
Duftende Teppiche 28
Wenig Platz, kein Problem! 30
Kräuter auf Balkon & Terrasse 32
Mittelmeerfeeling 34
Viel Spaß beim Selbermachen 38
Tisch-Schmuck 40
Duft ist einfach wunderbar! 42
Bade-Essenzen und Salben-Klassiker 44
Sträuße und Kränze 46
Schön gedeckte Tische 50

VERWENDEN & GENIESSEN
Leckeres für jeden Tag

Kräuter aufbewahren 56
Kräutertee 58
In Essig, Öl, Pesto & Co. 60
Wohlschmeckende Wildkräuter 62
Unverzichtbare Gewürze 64

IM PORTRÄT
Die wichtigsten Kräuter

Küchenkräuter 72
  Lavendel 78
  Minzen 82
  Basilikum 84
  Duft-Pelargonien 88
  Salbei 92
  Thymian 96
Heilkräuter 98
Asiakräuter 104

PFLANZEN & PFLEGEN
Darauf kommt es an

Kräuterträume werden wahr 112
Erfolgreich vermehren 114
Ohne Winterschutz wird's für
viele Kräuter riskant 116
Pflege von Januar bis Dezember 120

GESTALTEN & DEKORIEREN

Verführerisch schön

U

UNZÄHLIGE

Würz- oder Heilkräuter, von Anis bis Zitronenmelisse, lassen sich bestens in nahezu alle Themenbereiche des Gartens einfügen, sei es im Nutzgarten oder in Blumenbeeten. Selbst am Sitzplatz, in Blumenrabatten, im Steingarten und Terrassenbeet sowie auf lichtdurchfluteten Baumscheiben können Sie schöne Ecken und Plätze gestalten.

KRÄUTERGLÜCK
in bunten Beeten, Töpfen und Kübeln,
Sträußen und Kränzen

KRÄUTERGLÜCK WILL GEPLANT SEIN

ES GIBT UNZÄHLIGE GESTAL-TUNGSMÖGLICHKEITEN, um Kräuter und Gewürze in den Garten zu integrieren. Ist genügend Platz vorhanden, bietet sich natürlich ein klassischer Kräutergarten an, zum Beispiel rechteckig oder quadratisch angelegt und umsäumt von einer niedrigen Buchshecke. Doch Kräuter müssen keinesfalls nur unter sich bleiben. Ganz im Gegenteil, sie lassen sich auch prima im Gemüsebeet oder Ziergarten platzieren. Zu den wichtigsten Kriterien für gesundes und zufriedenstellendes Wachstum gehört in jedem Fall der richtige Standort. Das heißt, die individuellen Lichtbedürfnisse müssen unbedingt erfüllt werden, sonst werden sich die Aromaten nur sehr unzureichend entwickeln. Die meisten Kräuter und Duftpflanzen bevorzugen es sonnig und warm. Sie brauchen einen leichten, gut durchlässigen Boden.

Wer Kräuter nicht nur ihrer Schönheit wegen anbaut, sondern sie täglich zum Verfeinern und Würzen von Speisen, zum Aufbrühen von Tees oder zur Herstellung von Hausmitteln benutzt, tut gut daran, zumindest seine Favoriten in Küchen- bzw. Hausnähe zu platzieren. Das erspart lange Wege. Sinnvoll ist es auch, die Gebräuchlichsten an den Beetrand zu pflanzen und im Beetinnern Trittplatten zu verlegen, so dass man jederzeit mehr oder weniger sauberen Fußes ernten kann.

EIN WAHRLICH SINNLICHES VERGNÜGEN Die Auswahl an Kräutern ist immens groß. Kenner und Feinschmecker wählen sie ganz gezielt nach ihren individuellen Bedürfnissen und Vorlieben aus. Einsteiger hingegen lassen sich vor allem vom Gefühl, der Schönheit und sehr häufig auch vom einmaligen Duft verführen. Viele kennen zwar die Standardkräuter wie Schnittlauch, Petersilie, Salbei, Thymian und Oregano, dennoch sind sie hin und weg, wenn sie erkennen, dass es von vielen dieser Klassiker nicht nur eine Art oder Sorte gibt, sondern gleich einen ganzen Familienclan.

SÜSSKRAUT ODER THYMIAN GEFÄLLIG? Wer bei Freunden und Bekannten Eindruck schinden möchte, sollte sich auf jeden Fall auch einige Raritäten zulegen. Zum Beispiel gibt es in der Thymian-Familie ein paar ganz besondere Schätze wie den weiß-bunten Zitronen-Thymian (*Thymus × citriodorus* 'Variegatus').

Wer gerne nascht und dabei Zucker einsparen möchte, sollte sich unbedingt ein paar Süßkräuter zulegen. Stevia *(Stevia rebaudiana)* ist optisch betrachtet ein eher unscheinbares Gewächs, jedoch ein intensives Süßungsmittel, das völlig kalorienfrei süßt. Nicht ganz so intensiv: das Aztekische Süßkraut *(Lippia dulcis)*. Für die Dosierung gibt es keine Faustregel, das müssen Sie individuell austesten. Beide sind jedoch nicht winterhart, deshalb am besten im Kübel halten.

↑ TON WÄRMT Die Beeteinfassung aus Terrakotta ist nicht nur dekorativ. Sie speichert auch Wärme, was den Aromaten abends zugutekommt.

↗ BEETEINFASSUNG AUS EISEN Bald wird der purpurfarbene Salbei (*Salvia officinalis* 'Purpurascens') den Metallzaun überragen und ihm die Strenge nehmen.

↓ RUSTIKAL Am Fuße des Weidenzauns entwickelt sich eine aparte Bordüre mit silberblättrigem Heiligenkraut (*Santolina chamaecyparissus*); dahinter als Abgrenzung zum Gemüsebeet: mooskrause Petersilie.

→ WAS FÜR EIN OPULENTES BEET! Wird sehr dicht bepflanzt, ist es wichtig, die Kräuter regelmäßig zu stutzen und, wenn es sein muss, den Wurzelstock zu teilen.

Königskerze
Sonnenblume
Beifuß
Bärlauch
Liebstöckel
Kümmel
Dost
Fenchel
Süßdolde
Melisse
Borretsch
Estragon
Knoblauch
Kapuziner
Calendula
Zwerg-Dost
Ysop
Salbei
Löffelkraut
Rosmarin
Kerbel
Schnittsellerie
Majoran
Pimpinelle
Bergbohnen-kraut
Winter-zwiebel
Winterportulak
Thymian
Zitr.-Thymian
Schnittlauch
Tagetes
Tripmadam
Quendel

↑ **KÜMMEL-THYMIAN** (*Thymus herba-barona*), der seinem Namen alle Ehre macht, ist sowohl hübsch anzusehen als auch ein prima Würzkraut. Mit nur 5 cm Höhe bildet diese kriechende Art winterharte Matten und überrascht im Sommer mit einem attraktiven, dichten Blütenteppich in Karminrosa. Eine weniger würzige, dafür erfrischend spritzige Note bietet Zitroniger Kümmel-Thymian (*Thymus herba-barona* var. *citriodorus*).

↓ **ZITRONEN-THYMIAN** duftet einerseits wunderbar nach Zitrone und ist dank seiner weiß-bunten Blüten ein wahrer Hingucker.

VON STEVIA

werden am besten ältere Blätter verwendet.
Getrocknet haben sie die meiste Süßkraft.

GEOMETRISCHE BEETFORMEN

EIN ORNAMENTALER KRÄUTERGARTEN bietet nicht nur Genuss für Körper, Geist und Seele, sondern vor allem auch etwas fürs Auge. Das Besondere an dieser strengen Gestaltungsform, die im Barock als Teil der Herrschaftsarchitektur äußerst populär war, ist alles andere als alltäglich und lässt den Betrachter zunächst einmal fasziniert innehalten.

DER KREATIVITÄT SIND KEINE GRENZEN GESETZT

Die Rahmenbedingungen eines formalen Gartens oder Beetes lassen keine großen Veränderungen zu. Das optische Bild ist durch eine streng geometrische Aufteilung geprägt, die aus miteinander kombinierten Dreiecken, Quadraten, Kreisen oder Rechtecken besteht. Wesentlich aufwändiger, aber ganz bezaubernd ist die Wirkung von verschlungenen Mustern. Wichtig ist hier vor allem ein regelmäßiger und akkurater Schnitt, damit sich die Pflanzen möglichst reich verzweigen und die Muster somit mehr oder weniger

lückenlos aufschließen und stets schön in Form bleiben. Für welche Einteilung Sie sich entscheiden, ist zum einen Geschmackssache und zum anderen eine Frage der Zeit, die Sie für den Garten bzw. dessen Pflege aufbringen möchten oder können.

DAS WICHTIGSTE IST DIE PLANUNG

Ein ornamentaler Garten will gut geplant sein. Am besten erarbeiten Sie zunächst einmal einen Entwurf auf kariertem Papier, den Sie mit einem quadratischen Raster (40 oder 45 cm pro Quadrat) ansetzen. Damit lässt sich gut gestalten, weil viele Kräuter nicht mehr Platz brauchen, aber auch nachpflanzen, wenn ein Beet mal abgeerntet ist oder eine Pflanze eingeht. Zur Beeteinteilung verwenden Sie am besten Schnüre und Haken, dann kommt es bei der Bepflanzung zu keinen größeren Überraschungen. Auf harmonische Abstufungen und Übergänge ist unbedingt zu achten. Hoch wachsende Kräuter wie Artischocke *(Cynara cardunculus)*, Korea-

nische Minze *(Agastache rugosa)*, Lemon-Ysop *(Agastache mexicana)*, Echter Alant *(Inula helenium)*, Sonnenhut *(Echinacea purpurea)*, Fenchel *(Foeniculum vulgare)* oder Dill *(Anethum graveloens)* sollten möglichst hinten bzw. so platziert werden, dass sie anderen Kräutern nicht die Show stehlen. Bereits ein oder zwei verschiedene dieser Leitpflanzen sind ausreichend.

IM BLICKPUNKT: DIE MITTELACHSE

Für die Mitte bieten sich ein bepflanzter Kübel, ein Brunnen, ein Rankspalier mit Kapuzinerkresse, ein kugelförmiges Lorbeerbäumchen oder ein Rosenhochstämmchen an. Passend dazu ist eine Unterpflanzung mit Zitronen-Thymian *(Thymus × citriodorus)* oder Kümmel-Thymian *(Thymus herba-barona)*. Wer es gemütlich mag, platziert hier eine Bank aus Stein oder einen wetterfesten bequemen Stuhl. Sehr dekorativ wirkt auch eine Aufschüttung mit abgerundeten Natursteinen, wie man sie in Flussauen findet.

← KRÄUTER-TREFFEN Dieses Mini-Gärt-chen mit Minze, Thymian, Rosmarin und Sal-bei kann bei Bedarf auch anderswo platziert werden – Hauptsache, es steht sonnig.

→ MUSTERGARTEN Es gibt viele Beispiele zur Anlage ornamentaler Gärten: je schwieri-ger die Muster, umso größer der Pflegeaufwand.

↓ SONNEN-BEET **1** Dill *(Anethum graveolens)*, **2** Krause Petersilie *(Petroselinum crispum)*, **3** Zwerg-Oregano *(Origanum vulgare 'Com-pactum')*, **4** Wald-Erdbeere *(Fragaria vesca)*, **5** Salbei *(Salvia officinalis 'Tricolor')*, **6** Sonnen-hut *(Echinacea purpurea)*, **7** Anis *(Pimpinella anisum)*, **8** Begrannter Ysop *(Hyssopus arista-tus)*, **9** Kreta-Majoran *(Origanum dictamus)*, **10** Rosmarin *(Rosmarinus officinalis)*, darunter Tuffs mit Zitronen-Thymian *(Thymus × citrio-dorus)* und Hauswurz *(Sempervivum tectorum)*, **11** Lavendel *(Lavandula angustifolia 'Munstead')*, **12** Muskateller-Salbei *(Salvia sclarea)*, **13** Kapuzinerkresse *(Tropaeolum majus)*, **14** Berg-Bohnenkraut *(Satureja mon-tana)*, **15** Honigmelonen-Salbei *(Salvia elegans)*, **16** Ananas-Salbei *(Salvia rutilans)*, **17** Peruanischer Salbei *(Salvia discolor)*

BAUERNGARTEN

EIN GARTEN DER VIELFALT
Typische Merkmale eines traditionellen Bauerngartens sind schmale Beete, die sich bequem von beiden Seiten bearbeiten lassen, und geradlinige, für Schubkarren geeignete Wege. In Anlehnung an die klassische Form der Klostergärten findet man darin aber auch Beete in geometrischen Figuren wie Quadrate, Rauten und Dreiecke. Selbst wenn für den einfachen Nutz- und Küchengarten weniger Aufwand betrieben wird: Auf die herausragende, dekorative

Mitte eines Wegekreuzes wird selten verzichtet. Das kann ein Brunnen oder eine einfache Wasserstelle sein, super sieht auch ein Rosenhochstämmchen aus. Und je nach Geschmack kann im Zentrum auch ein Lorbeerbäumchen im Kübel stehen, das zusätzlich Würze für die Küche liefert.
Aber selbst eine schlichte und blockweise Bepflanzung der Beete ergibt ein attraktives Muster, da die unterschiedlichen Gemüsearten einen farbenfrohen, abwechslungsreichen Teppich bilden. Wichtig ist nur, dass man in gemischten Beeten die unterschiedlichen Bedürfnisse der einzelnen Arten berücksichtigt.

↱ **WEGEKREUZ** Niedrig gehaltene Buchshecken rahmen attraktive Beete mit Beifuß, Ringelblumen und Pfingstrosen ein.

↗ **UMZINGELT** Ringelblume, Kapuzinerkresse und Melde versammeln sich um das dekorative Weidenspalier.

→ **LANDLEBEN PUR** Heilpflanzen, Kräuter und Gemüse könnten nicht schöner miteinander harmonieren: u. a. Schafgarbe, Borretsch, Indianernessel, Oregano.

GESUNDE UND REICHE ERNTE Auf engstem Raum wurde früher im Bauerngarten Gemüse für eine meist große Familie angebaut. Heute sind die Gärten eher klein. Und das Heranziehen von Gemüse ist keine Frage der Rundum-Selbstversorgung mehr, sondern eher ein Genuss-Faktor.

In jedem Fall ist Gemüse aus dem eigenen Garten gesünder und ertragreicher, wenn darin Kräuter – neben ihrem kulinarischen, medizinischen und dekorativen Wert – auch eine Beschützerfunktion übernehmen.

DAS MITEINANDER GUT PLANEN Nachweislich kann Schnittlauch die Möhrenfliege vertreiben; Ysop und Salbei wehren beispielsweise den Kohlweißling ab. Ringelblumen und Studentenblume *(Tagetes)* halten im Boden Drahtwürmer sowie Wurzel- und Stängelälchen (Nematoden) fern. Zudem sind sie ideale Nachbarn für Brokkoli, Salate und Tomaten. Basilikum verringert die Gefahr von Mehltaubefall und sollte daher unbedingt zu Tomaten, Paprika, Zucchini und Gurken gepflanzt werden.

Borretsch scheidet bestimmte Wurzelstoffe aus, welche das Wachstum von Erbsen, Kohl und Kohlrabi und letztendlich auch deren Widerstandskraft fördern. Außerdem bringen Erdbeeren in seiner Nähe einen besseren und höheren Ertrag. Majoran und Oregano fördern Wachstum, Duft und Aroma aller benachbarten Kräuter und Gemüsesorten.
Gut ist es aber auch, zu wissen, welche Partner sich überhaupt nicht mögen: Kopfsalat und Gurken schwächeln zum Beispiel in der Nähe von Petersilie und Kresse. Bei Bohnen, Erbsen und Kohl sind Schnittlauch und Knoblauch äußerst unbeliebt. Zudem mag Fenchel keinen Koriander in der Nachbarschaft, Basilikum kommt nicht mit Majoran zurecht.

Unter Berücksichtigung positiver und negativer Nachbarschaften kann man einjährige Kräuter einfach zwischen die Gemüsereihen oder an abgeernteten Stellen aussäen. Dabei daran denken, dass Gemüsepflanzen für einen guten Ertrag reichlich Dünger brauchen – im Gegensatz zu Kräutern, die gerne darauf verzichten. Diese nehmen dadurch zwar keinen Schaden, können aber ihr intensives Aroma verlieren. Daher Dünger am besten nicht großflächig verabreichen, sondern gezielt nur in den Gemüsereihen einarbeiten.

↖ **WAS FÜRS HERZ** Spalierobstbäumchen mit Äpfeln werden angeleuchtet von roten Kapuzinerkresseblüten.

← **WENN DER PLATZ AUSREICHT,** vergessen Sie nicht, ein paar Obst-Klassiker zu pflanzen. Empfehlenswert sind: Erdbeeren, ein Johannisbeerstrauch, ein Stachelbeerhochstämmchen, Himbeeren, Brombeeren und vielleicht ein Quittenbaum. Er blüht im Frühjahr ganz bezaubernd und begeistert im Herbst mit wohlduftenden Früchten, aus denen sich köstliches Gelee zubereiten lässt.

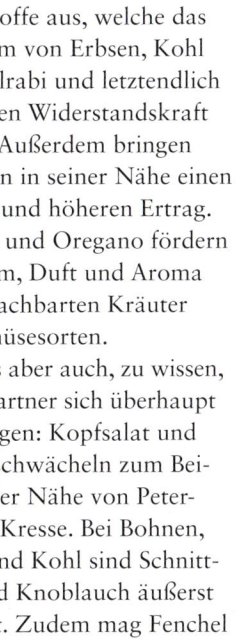

KRÄUTERSPIRALE

ERNTESPASS AUF KLEINEM RAUM Eine Kräuterspirale gilt als Klassiker jedes Nutzgartens. Hier lassen sich auf kleinstem Raum problemlos Pflanzen verschiedener Klimazonen unterbringen. In spiralförmig aufsteigenden Steinhaufen – ähnlich einem Schneckenhaus – werden durch das Einfüllen verschiedener Erden, Lebensräume für unterschiedliche Bedürfnisse geschaffen. Somit ist eine Kräuterspirale Steingarten, Trockenmauer und Beet gleichermaßen.

BEPFLANZEN DER KRÄUTERSPIRALE

- Pflanzzeit ist im Frühjahr oder Herbst.
- Am besten die Kräuter zunächst im Topf auf den in der Spirale vorgesehenen Bereich auslegen.
- Mit einer Handschaufel ein Loch graben und den Wurzelballen hineinpflanzen; Erde rundum festdrücken.
- Die Pflanzen vorsichtig angießen und bis zum Anwachsen stets für ausreichend Feuchtigkeit sorgen.

Bauen Sie die Kräuterspirale möglichst an einem windgeschützten Platz. Wenn der nicht gegeben ist, empfiehlt es sich, ihn durch das Pflanzen von Prachtstauden, Sonnenblumen, Stangenbohnen oder Sträuchern etwas zu schützen.

SO WIRD'S GEMACHT Neben den selbstgemachten Klassikern aus Naturstein gibt es auch Modelle, die mit Hilfe von Steckverbindungen und verzinkten Drähten zusammengebaut und mit Steinen aufgefüllt werden (siehe Fotos rechts). Die Klimazonen bleiben jedoch die gleichen wie bei einer herkömmlich aufgeschütteten Spirale. Das heißt, in der unteren Feuchtzone, die meistens mit einem Teich endet, fühlen sich vor allem Kerbel, Löffelkraut, Pfefferminze oder Zitronenmelisse wohl. Auf dieser Ebene wird die Spirale mit komposthaltiger Gartenerde gefüllt. Eine Dränage ist nicht notwendig, dafür muss aber viel gedüngt werden.

Die mittlere sogenannte Normalzone ist ideal für wärme- und sonnenliebende Kräuter wie Dill, Schnittlauch, Bohnenkraut oder Pimpinelle. Der Boden hier muss durchlässig, humos, mit Sand und Kompost angereichert sein.

Im oberen Bereich finden die mediterranen Kräuter ihren Platz. Thymian, Rosmarin, Salbei, Lavendel, Oregano, Basilikum oder Tripmadam entwickeln sich hier besonders prachtvoll. Auch für diesen Bereich gilt: Die Erde muss wasserdurchlässig sein. Sand und Kies sorgen dafür, dass es nicht zu Staunässe kommt. Wie in jedem anderen Kräuterbeet sollten die würzigen Pflanzen in der Spirale bei anhaltender Trockenheit gegossen, regelmäßig in Form geschnitten und abgeerntet werden. Und nicht vergessen: Hin und wieder muss man den kleinen Teich mit Wasser versorgen, vor allem während Trockenzeiten.

↑ PERFEKT Diese formschöne Kräuterspirale (Bausatz) braucht einen 3 m² großen Sonnenplatz.

← ZEIT SPAREN Im Bausatz sind bis auf die Steine alle Zutaten zum Aufbau der Spirale enthalten.

↗ SCHÖN AUFGERÄUMT Diese außergewöhnliche Kräuterspirale aus Gabionen ist ein echter Hingucker.

✓ SCHNECKENHAUSFÖRMIG Eine Kräuterspirale ist ein von Natursteinen begrenztes, spiralförmiges Beet mit verschiedenen Klimazonen.

↘ SCHÖN EINGEWACHSEN Die Steinmauer verleiht den Aromaten nicht nur Halt, sondern gibt an Sonnentagen gut dosiert die nötige Wärme ab.

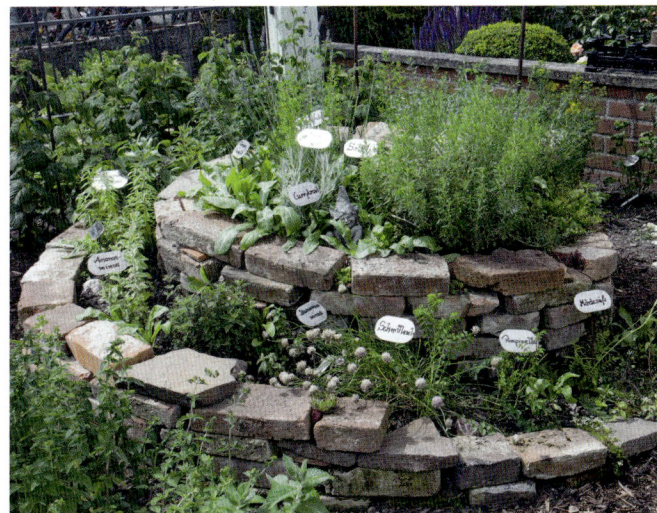

BEETE HÜBSCH EINGERAHMT

KRÄUTER BIETEN SICH GERN ALS DEKORATIVE EINFASSUNG bzw. nützliche und schöne Abgrenzung an. Als kleine Hecken haben sie ordnende wie auch dekorative Funktionen. Die klassische Beeteinfassung im Kräutergarten besteht in der Regel aus langsam wachsendem Buchsbaum. Er verhindert, dass sich die Beetpflanzen zu weit nach außen ausbreiten. Abgrenzungen aus Kräutern übernehmen dieselben Aufgaben, wirken dabei aber viel farbiger. Mit ihrem Laub in unterschiedlichen Grüntönen und teilweise sogar panaschierten Blättern verleihen sie den Beeten ein besonderes Flair.

WAS DARF'S DENN SEIN?

Im Kräutergarten bieten sich Lavendel, Heiligenkraut, Edel-Gamander, Ysop oder Thymian als Einfassungspflanzen an. Da sie niedrige Hecken bilden, können sie die eingefassten Gewächse nicht beschatten. Durch regelmäßigen Rückschnitt erhalten und behalten sie einen kompakten Wuchs und buschige Formen. Diese Pflanzen (siehe auch Tabelle) werden ab Mitte April vorsichtig gestutzt. Wobei man Lavendel und Heiligenkraut nicht bis ins alte Holz zurückschneiden darf, sonst treiben die Sträucher nicht mehr aus – lieber öfter nachschneiden. Da sie ständig in Form gebracht werden, kann man von Kräuterhecken reichlich ernten. Daher ist die Auswahl von Einfassungskräutern nicht nur eine optische Frage, sondern auf jeden Fall auch eine Geschmackssache. Im Zweifelsfall wird die Hecke eben rings um das Beet mit den Lieblingskräutern einfach aus verschiedenen Arten und Sorten zusammengesetzt. Auch blühender Schnittknoblauch sowie Schnittlauch eignen sich mit ihren hübschen Blüten ausgezeichnet als Beetabgrenzung. Neben lilafarbenen kugeligen Blütenköpfen gibt es auch Spielarten in Burgunderrot und leuchtendem Pink. Die Hauptblütezeit im Mai/Juni ist dann aber noch lange nicht abgeschlossen. Schnittknoblauch begeistert mit weißen, sternförmigen Blüten, deren Duft etwas an Rosen erinnert.

KRÄUTER FÜR EINE BEETEINFASSUNG

Name	Eigenschaften
Schnittlauch (Allium schoenoprasum)	mehrjährig, 20 – 30 cm hoch, immergrün, schnittverträglich
Ringelblume 'Fiesta' (Calendula officinalis)	einjährige Zwergform, 30 cm hoch, Selbstaussaat, Pflanzen vereinzeln
Ysop (Hyssopus officinalis)	mehrjährig, bis 60 cm hoch, immergrün, Formschnitt erforderlich
Lavendel 'Hidcote' (Lavandula angustifolia)	mehrjährig, bis 90 cm hoch, immergrün, Formschnitt im Frühjahr
Heiligenkraut (Santolina chamaecyparissus)	mehrjährig, bis 60 cm hoch, immergrün, Formschnitt im Frühjahr
Studentenblume (Tagetes patula)	einjährig, bis 30 cm hoch, Verblühtes regelmäßig ausputzen
Edel-Gamander (Teucrium chamaedrys)	mehrjährig, 30 cm hoch, immergrün, kompakter Rückschnitt
Sand-Thymian (Thymus serphyllum)	mehrjährig, 30 cm hoch, immergrün, kriechend, Triebe einkürzen

↑ **IM LANDHAUS-LOOK** Zierstauden und Kräuter blühen um die Wette. Mit von der Partie: Heiligenkraut als Beetbegrenzung.

→ **HÜBSCH EINGERAHMT** Gold-Oregano und Schnittlauch – muss demnächst geschnitten werden – sorgen für den optischen Halt dieses opulenten Beetes.

↓ **TOLLE INSZENIERUNG** Quadratische Rotkohlbeete sind umgeben von prachtvollen und wohlduftenden Studentenblumen.

PFLANZENDÜFTE SIND NICHT ZU ÜBERTREFFEN

MÖCHTEN SIE EINEN GARTEN oder ein Beet schwerpunktmäßig mit Duftkräutern anlegen? Dann sollte die Lage möglichst windgeschützt sein. Falls das nicht gegeben ist, bieten sich dafür Hecken oder Spaliere mit Kletterpflanzen wie Geißblatt, Waldreben oder Wildrosen an. Die große Anzahl an nicht winterharten Duftkräutern muss im Kübel eingepflanzt werden. Besonders intensiv sind Dufterlebnisse draußen in der Natur, in einer lauen Sommernacht zum Beispiel, wenn sich Blütendüfte, von Rosen oder einem Lindenbaum, mit der köstlichen Würze von Rosmarin, Thymian, Basilikum oder Katzenminze vermischen. Passend dazu: klassische Nachtdufter wie Bauerntabak, Nachtviole, Duft-Resede und Duft-Nachtkerze.

WENIGER IST MEHR Haben Sie nur wenig Platz zur Verfügung, am Sitzplatz, auf der Terrasse oder dem Balkon, so ist es ratsam, nicht zu viele verschiedene Duftkräuter zu pflanzen. Schon gar nicht in einen gemeinsamen Kasten oder Kübel. Stehen mehr als drei oder vier unterschiedliche Duftpflanzen in einem Gefäß, machen sie sich gegenseitig zu viel Konkurrenz oder sie vermischen sich so stark, dass einzelne Nuancen nicht mehr wahrgenommen werden können. Weitaus verlockender ist es, auf kleinen Plätzen Duftkräuter und Zierpflanzen miteinander zu kombinieren. Ein Beet oder großer Kübel, bepflanzt mit weißer oder blauer Glockenblume *(Campanula)*, kleinwüchsiger Katzenminze *(Nepeta × fassenii)* oder Polster-Phlox mit gelbblättrigem Zitronen-Thymian *(Thymus × citriodorus* 'Aureus') zum Beispiel. Dieser überzeugt durch beste Wuchseigenschaften und einem erfrischenden Zitronenaroma. Ebenfalls zitronig duftet

Kümmel-Thymian *(Thymus herba-barona* var. *citriodorus).* Am optimalen Standort, sonnig in gut durchlässiger, sandiger Erde, bildet er karminrote Blütenpolster. Über dichte, blaugrüne Matten dürfen Sie sich bei Polster-Thymian *(Thymus praecox* ssp. *articus* 'Minor') freuen, den man prima als Barfußpflanze nutzen kann. Da Sie hierfür relativ viele Pflanzen brauchen, empfiehlt es sich, diese durch Aussaat selbst heranzuziehen. Vorausgesetzt, Sie haben Zeit und Muße dafür. Als eine weitere trittfeste Art bietet sich die Römische Kamille *(Chamaemelum nobile)* an. Ihre Blätter verströmen beim Drüberwuscheln einen herrlichen Duft, der ein wenig an Apfel erinnert. Auch hier empfiehlt sich die Aussaat (am besten in Kistchen), da man für eine flächige Pflanzung große Mengen braucht. Äußerst kontrastreich wirken diese flächendeckenden Kräuter in einem modernen, hohen Kunststoffgefäß in Gelb, Rot oder Pink.

↑ **SCHATTENFREUND** Waldmeister *(Galium odoratum)* hat in den vergangenen Jahren wieder an Popularität gewonnen; getrocknet wird das Wildkraut gerne für Duftsäckchen verwendet.

← **INGWER-MINZE** Ihr Parfüm erinnert zwar nur schwach an ihre hocharomatische Wurzel, dafür begeistert sie *(Mentha gentilis* 'Variegata') umso mehr durch dekorative Blätter und Blüten.

↗ **ZIMT-BASILIKUM** *(Ocimum basilicum* 'Cinnamomum') fasziniert mit seinem Aroma und rosaroten Blütenständen.

↓ **ROBUSTE SCHÖNHEITEN** Duft-Pelargonien sind pflegeleicht und wohlduftend.

ROSEN UND KRÄUTER

EIN PERFEKTES PAAR IM TOPF ODER BEET Rosen und Kräuter sind traumhafte Partner! So faszinierend ihr Aussehen, so vielseitig ist ihr Auftritt. Die Königin der Blumen verzaubert die Herzen in erster Linie durch Schönheit, Duft, Farbe und Blüten. Rosen sind der Inbegriff von Romantik und Sinnlichkeit. In Kombination mit bodenständigen, wohlduftenden Kräutern ist die Landhaus-Idylle perfekt.

IN FARBE SCHWELGEN Sanfte Blau- und Rosétöne, kombiniert mit Weiß, Aprikot oder zitronigem Gelb, verkörpern Romantik pur. Besonders helle Farben verleihen lauen Sommerabenden eine besondere Stimmung. Am besten sorgen Sie dafür, dass auch ein paar klassische Nachtdufter nicht fehlen, zum Beispiel die betörende Duft-Nachtkerze *(Oenothera odorata)*. Die Sibirische Nachtviole *(Hesperis steveniana)* verströmt eine Mischung aus Nelken- und Veilchen-

Duft. Spannend ist auch der an Marzipan erinnernde Duft des Sternbalsams *(Zaluzianskya capensis)*. Am besten sät man ihn als Unterpflanzung eines Rosenhochstämmchens direkt in den Topf oder ins Beet aus. Sternbalsam, auch Nacht-Phlox genannt, wird nur etwa 30 cm hoch. Passend dazu: Polster-Thymian *(Thymus praecox* ssp. *arcticus* 'Minor') oder Teppich-Sandthymian *(Thymus serpyllum* 'Magic Carpet'). Sie bleiben mit 5 cm Höhe sehr flach und legen sich gern über den Topfrand hinaus.

DIE QUAL DER WAHL Besonders attraktiv ist die Wirkung von Rabatten, auch Mixed Borders genannt: Als Grundgerüst wählen Sie am besten robuste, gesunde und mehrmals blühende Rosen (eine ADR-Auszeichnung wäre ideal) in Ihren Lieblingsfarben und -blütenformen aus.
Eine hübsche Pflanzkombination bilden die cremeweiß blühende 'Lions-Rose®' (70–80 cm hoch), 'Maxi Vita®' (60–70 cm, orangerosa mit gelborangefarbenem Blütenbo-

den) sowie die hellgelbe, leicht gefüllte 'Celina®' (60–80 cm). Im Hintergrund an einem Spalier rankt die tiefrot und öfter blühende 'Gertrude Jekyll®', eine ganz wunderbar duftende Kletterrose (gibt es auch als Strauchrose). Farblich dazu passen: Blau blühender Spanischer Salbei *(Salvia lavandulifolia)* und Blauer Salbei *(Salvia clevelandii)*. Eine attraktive Begleiterin mit großen blauen Blüten ist die Sibirische Katzenminze *(Nepeta sibirica* 'Souvenir d'André'). Sie wächst mehrjährig und blüht recht lange. Sehr harmonisch und wohlduftend fügt sich auch die Marokkanische Minze *(Mentha spicata* var. *crispa)* ein. Superschön werden Rosen von purpurrotem Sonnenhut *(Echinacea purpurea)* oder Fenchel *(Foeniculum vulgare)* umgarnt. Diese beiden werden ziemlich hoch und lassen sich nicht die Show stehlen – sie wachsen mit den Rosen um die Wette.

↗ **LEBHAFTES TREIBEN** Die berühmte Rose 'Gertrude Jekyll®', Salbei und Ochsenzunge *(Anchusa)* teilen sich ein Beet.

→ **SINFONIE IN BLAU UND VIOLETT** Majestätisch stärken bezaubernde Rosen dem Rittersporn und Lavendel den Rücken.

↓ **HINGUCKER** Der Rosenstrauch mit rosaroten Blüten und die grüngelben Schaumblüten des Frauenmantels könnten sich nicht perfekter ergänzen.

DUFTENDE TEPPICHE

EINE RASENFLÄCHE nur aus Gräsern ist nicht nach Ihrem Geschmack? Dann sollten Sie es mal mit einem Duftteppich aus verschiedenen Thymian-Arten versuchen, die einen zauberhaften Duft entfalten und besonders zur Blütezeit im Juni und Juli für einen recht spektakulären Auftritt sorgen. Die dichten, fast undurchlässigen Matten von *Thymus prae-*

WENN ALLES AUS DEN FUGEN GERÄT

Selbst in Kies-, Pflaster- und Ziegelsteinwegen mit breiten Fugen können sich duftende, teppichbildende Kräuter wohlfühlen. Hier sollten aber wirklich nur solche Arten und Sorten verwendet werden, die sehr niedrig wachsen – Thymian ist auch in diesem Fall die erste Wahl. Damit sich die Pflanzen ausbreiten können, darf man nicht zu dicht pflanzen. Da nur wenig Platz zum Bewurzeln bleibt, sind die Fugenfüller bei Trockenheit und Frost gefährdet. Vorsicht: Auf solchen Wegen kann man im Winter auch keinen Schnee beiseite räumen, ohne die Pflanzen zu beschädigen.

cox ssp. *arcticus* 'Minor' sind trittfest. Daneben breitet sich gern 'Magic Carpet' aus, eine Auslese von *Thymus serphyllum* mit karminrosa Blüten. Für ein tolles Erlebnis sorgt Zitronen-Thymian *(Thymus × citriodorus)*. Er sieht auch außerhalb der Blütezeit super aus. Die Sorte 'Aureus' setzt ihrem nur 10 cm hohen Polster goldfarbene Glanzlichter auf, während die weiß-bunte 'Variegatus'-Form eine Höhe von 20 cm erreicht und edle Blässe zeigt. Die 15 cm hohe Sorte 'Villa Nova' hat ihre dunkelgrünen Blätter in Gold umrandet und 'E. B. Anderson' ist ein echter Goldschatz, der mit guter Dränage auch den strengsten Winter problemlos übersteht.

KLEIN UND FEIN Reicht der Platz nicht für einen größeren „Fleckerl"-Teppich, nehmen Sie einfach auf der Terrasse zwei oder drei Platten aus dem Bodenbelag und setzen Sie dann in die Lücken Duftkräuter hinein. Sehr dichte und nur 5 cm hohe Teppiche weben die Polei-Minze *(Mentha pulegium* ssp. *repens)* und die Korsische Minze *(Mentha requienii)*, die schon bei zarter Berührung den allerfeinsten Minzeduft verströmen. Mit von der Partie ist auch die blütenlose Römische Kamille *(Chamaemelum nobile* 'Treneague'), die sich gerne über größere Flächen mit Ausläufern ausbreitet, vorausgesetzt, der Platz ist sonnig und der Boden eher trocken und gut wasserdurchlässig. Dennoch muss bei langen Trockenperioden hin und wieder gewässert werden.

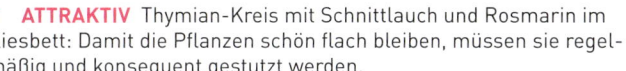

↑ ATTRAKTIV Thymian-Kreis mit Schnittlauch und Rosmarin im Kiesbett: Damit die Pflanzen schön flach bleiben, müssen sie regelmäßig und konsequent gestutzt werden.

← PATCHWORK-RASEN Als pflegeleichte Alternative kann man in den regelmäßig gemähten Rasen auch ein paar niedrige und robuste Duftkräuter setzen. Hierfür einfach ein paar Rasensoden ausstechen und die frei gewordenen Flächen mit Sand auflockern. Dort hinein dann Thymian, Römische Kamille und Minze oder auch Duft-Schafgarbe *(Achillea odorata)* pflanzen. Beim Mähen mit dem Rasenmäher diese Flächen später jedoch unbedingt aussparen. Damit die Kräuter schön kompakt bleiben; zum Trimmen besser eine Rasenkantenschere verwenden. Idealer Zeitpunkt: nach der Blüte.

✓ PERFEKTER FUGENFÜLLER Thymian ist dazu bestens geeignet. Während der Trockenperioden muss er jedoch unbedingt regelmäßig gegossen werden, da sonst die Gefahr besteht, dass die Wurzeln verbrennen.

↓ DIE GUNDELREBE wächst kriechend und wird nicht höher als etwa 20 cm. Ihre blau-violetten Blüten zeigen sich ab März.

WENIG PLATZ, KEIN PROBLEM!

DIE DURCHSCHNITTSGRÖSSE EINES BALKONS beträgt in der Regel zwischen 8 und 10 m²; Terrassen sind meist nur geringfügig größer. Zugegeben, ein Mini-Balkon ist in jeder Hinsicht eine Herausforderung. Zum einen kostet die Ausstattung Zeit, Arbeit und Geld. Doch wenn Sie Fantasie haben, sich etwas mit Pflanzen auskennen und keine Mühen scheuen, sind das die besten Voraussetzungen für eine völlig neue, beglückende Sommerliebe!

KRÄUTER IN AMPELN Sofern Standort und Pflege stimmen, zeigen sich Kapuzinerkresse, Duft-Pelargonien, Tripmadam oder manche Thymian- und Rosmarin-Sorten äußerst flexibel und von ihrer schönsten Seite: nämlich hängend, als Ampelpflanze.

Zu den wichtigsten Standardkräutern für Küche und Gesundheit gehören zusätzlich zu den zuvor genannten auch Petersilie, Schnittlauch, Basilikum, Oregano und Salbei. Als Highlights an exponierter Stelle empfehle ich Ihnen eine *Aloe vera* und einen Zitronenstrauch. Die Aloe ist nicht nur ein imposantes Gewächs, das für viel Aufmerksamkeit sorgt; der Saft der dickfleischigen Blätter wirkt kühlend und schmerzlindernd bei leichten Verbrennungen, Sonnenbrand oder Insektenstichen. Und die herrlich nach Zitrus duftenden Blätter des Zitronenstrauches sind ein Hochgenuss für alle Kräutertee-Freunde. Verveine, wie das Gewächs in Frankreich genannt wird, kommt überall zurecht und lässt sich prima trocknen. Wenn Sie mit der Hand kräftig über die Blätter streichen, offenbart sich Ihnen das Parfüm des Südens.

← **WAS FÜR EIN HINGUCKER!** Topf-Komposition mit Bohnenkraut, Zitronen-Thymian und Kerbel.

↑↑ **SCHMUCK MIT GESCHMACK** Wie gut, dass die Kräuter in Gefäßen stehen! So können sie, wenn Gäste kommen, problemlos für ein paar Stunden als essbare Deko im Zimmer platziert werden.

↑ **WIE DIE DUFTEN!** Salbei, Minze und Rosmarin entwickeln sich auch in Töpfen prächtig.

KRÄUTER AUF BALKON & TERRASSE

EIN PLATZ IM TOPF, Kasten oder Trog ist für die meisten Kräuter kein Problem. Was aber nicht bedeutet, dass sie dort grundsätzlich unter sich bleiben sollen. Ganz im Gegenteil. Mit weitaus mehr Spannung dürfen Sie rechnen, wenn Sie sie mit Gemüse und Zierpflanzen kombinieren. Sehr attraktiv ist zum Beispiel ein hoher blauer Steinguttopf, bepflanzt mit einem etwa bis 80 cm hohen, kleinblättrigen und schlanken Buchsbäumchen. Links und rechts an das Bäumchen jeweils eine kompakte Chili oder kleinfrüchtige Paprika mit orangefarbenen und roten Früchten pflanzen.

Und für den Mittelplatz vor dem Buchs bietet sich ein überhängender Thymian oder Rosmarin sehr gut an. Äußerst dekorativ macht sich auch ein geräumiger Balkonkasten, bepflanzt mit einer Beetrose (z.B. 'Tequila® 2003'), drei dunkelblauen Lavendelpflanzen (z.B. 'Siesta') und einem Currystrauch. Als Accessoire dazu bietet sich eine große silberne, gelbe oder orangefarbene Glaskugel an oder zwei, drei Pflanzenstecker in moderner Rostoptik.

KLARE LINIEN SORGEN FÜR GROSSZÜGIGKEIT Wichtig beim Gestalten ist, dass die zur Verfügung stehende Fläche durch geschickte Platzierung des Mobiliars, der Gefäße und Accessoires noch ausreichend Bewegungsfreiheit lässt, damit das Auge immer wieder Ruhepunkte findet. Auch beim direkten Bepflanzen des Terrassenbeetes kommt es nicht auf die Menge, sondern vielmehr auf eine geschickte Pflanzenauswahl an. Fürs Terrassenbeet

sind Minzen zum Beispiel tabu. Einerseits wuchern sie sehr stark und andererseits sind sie in der Lage, solch einen Wurzeldruck auszuüben, dass selbst schwere Steinplatten locker werden. Deshalb mein Rat: Pflanzen Sie die Pfefferminze und ihre wuchsfreudige Verwandtschaft in geräumige Kübel.

VORSICHT BEI HOHEN GEFÄSSEN Sehr hohe, schlanke Gefäße sind superschick und häufig mit einer praktischen Pflanzwanne zum Einhängen ausgestattet. Ein Manko gibt es jedoch: Sie sind bei starkem Wind nicht kippsicher! Deshalb ist es ratsam, das untere Topf-Drittel vor dem Bepflanzen möglichst mit schweren Steinen auszulegen oder – falls das vom Standort her möglich ist – mit einem stabilen Metallstab möglichst fest im Boden zu verankern.

BLATTSCHÖNHEITEN FÜR KÄSTEN UND KÜBEL

Silber-Wermut (silberlaubig), Ananas-Minze (weiß-bunt), Oregano 'Thumble' (gelblaubig), Fichtennadel-Pelargonie (weiß-bunt), Shiso (purpurrot), Weinraute (blaugrün), Salbei 'Tricolor' (rot-violett, weiß, grün)

↑ **LAUSCHIGER SITZPLATZ** In der Nähe von Zitronenmelisse, Schnittlauch, Petersilie und Thymian kommen Urlaubsgefühle auf. Besonders schön: das Gefäß aus Flechtwerk.

← **ATTRAKTIV** Rosmarin, Zitronenmelisse, Salbei und Basilikum sorgen als Hängepflanzen für Aufsehen.

✓ **PERFEKT INSZENIERT** Damit der Kasten so attraktiv bleibt, behalten Sie beim Ernten der Kräuter stets auch die Form im Auge.

↓ **DURSTIG** An sich sind Kräuter, insbesondere Rosmarin, Salbei und Thymian genügsam; im Topf an heißen Tagen muss schon mal öfter gegossen werden.

MITTELMEERFEELING FÜR ZU HAUSE

TOSKANA, PROVENCE, ANDALUSIEN – wer einmal die würzige Luft einer lauen Sommernacht im Süden erlebte, hat dieses Dufterlebnis für immer gespeichert. Und sobald uns dieser einmalige Geruch in die Nase steigt, sei es im Vorübergehen, im Gartencenter oder auf dem Markt, löst er automatisch ein Wohlbehagen in uns aus.

Diese wunderbare Stimmung können Sie zwar ohne großen Aufwand mit Kräutern, Gewürzen und ein paar typisch mediterranen Kübelpflanzen auch zu Hause erzeugen. Allerdings haben es südländische Pflanzen in unseren Gefilden nicht ganz so einfach. Im Süden sind die Winter deutlich milder, so dass die Pflanzen dort in aller Regel ganzjährig problemlos draußen bleiben können. Bei uns hingegen haben es nicht winterharte, frostempfindliche Gewächse deutlich schwerer. Sie müssen beizeiten in einem frostfreien geschützten Winterquartier untergebracht werden.

AUF DEN STANDORT ACHTEN
Wählen Sie für Ihre „Urlaubsoase" zu Hause am besten einen sonnig-warmen und windgeschützten Platz im Garten oder auf der Terrasse aus. Ideal wäre es vor einer schützenden Mauer oder Hauswand. Als Bodenbelag empfehlen sich Natursteinplatten, zeitlose Pflastersteine, Kies oder Flusskiesel.

PFLANZEN GESCHICKT KOMBINIEREN Neben aromatischen Kräutern wie Lavendel, Basilikum, Thymian, Oregano, Rosmarin, Salbei oder dem französischen Tee-Klassiker Verveine *(Aloysia triphylla)* gibt es zahlreiche attraktive Vertreter des Südens, die bestens in unseren Gefilden zurechtkommen: Die am Mittelmeer heimische Wolfsmilch *(Euphorbia characias* ssp. *characias)* gehört dazu. Sie ist wintergrün und gedeiht problemlos im Kübel.

Im Frühjahr überrascht sie mit bezaubernden limonengelben Blüten. Für südliches Ambiente sorgen ebenfalls die Echte Zypresse *(Cupressus sempervirens)*, Eisenholzbaum *(Metrosideros excelsa)* sowie natürlich Zitrusgewächse aller Art. Aber auch Granatäpfel oder knorrige Weinstöcke prägen das Bild des Südens. Wein kann man übrigens auch prima in einem geräumigen Kübel ziehen. Allerdings ist es wichtig, dass er in ein frostfestes Gefäß gepflanzt wird. Denn Wein übersteht den Winter gut im Freien.

← **KRÄUTERSCHILDER** sind nicht nur praktisch, sondern auch äußerst dekorativ.

↑ **WAS FÜR EIN AROMA!** Rosmarin, Thymian und Estragon verströmen den Duft des Südens. Davon einfach ein paar frisch geschnittene Zweige als Tischdeko in ein Gefäß geben.

↓ **ROMANTISCHE SOMMER-IDYLLE** Umgarnt von Currykraut, Astern, Fetthenne, Glockenblumen und Beifußgewächsen im Topf, kommen Terrakotta-Zapfen und -Putto besonders schön zur Geltung.

MEDITERRANES AMBIENTE

MIT EINEM MEDITERRANEN LEBENSGEFÜHL verbinden wir in erster Linie Sonne, blauen Himmel, Meer, laue Sommernächte, exotische Früchte, Rotwein, Cappuccino und natürlich südländische Pflanzen. Wettermäßig wird dies zwar nur zum Teil gelingen, was jedoch die passende Deko und Pflanzenauswahl betrifft, lässt die Auswahl kaum Wünsche offen.

URLAUBSERINNERUNGEN ZUM ANFASSEN Ob Bodenplatten, Wand, Markisen, Mobiliar: Auf schrille Farben oder Streifenlook sollte man besser verzichten. Vielmehr verkörpern Ocker, ein gebrochenes Rosé oder Gelb die Leichtigkeit des Südens. Südländischen Charme verleihen auch Wandbrunnen, Feuerschalen und Beetkanten-Elemente im Terrakotta-Stil sowie aus gebrannter Keramik.

Keine mediterrane Terrasse kommt ohne Terrakotta aus. Dabei spielt es keine Rolle, ob Sie sich für handgemachte, winterharte Gefäße entscheiden oder für die Kunststoff-Variante. Letztere hat den großen Vorteil, dass man sie leichter transportieren kann. Hinzu kommt, dass sie optisch kaum mehr von der Ton-Variante zu unterscheiden sind. Außerdem sind sie in der Regel farbecht und frostfest.
Gusseiserne Gartenmöbel und Schlauchhalter gehören ebenso zu den mediterranen Klassikern wie Dekokugeln, Vogeltränken und Pflanzgefäße aus farbig glasiertem Steingut.
Als klassische Lichtquellen für den Abend bieten sich dezente Windlichter und schlichte Stumpenkerzen an.

EXOTISCHE PFLANZEN FÜR BEET UND KÜBEL Für Aufsehen sorgte in den letzten Jahren die Echte Aloe. Ihre spitzen, fleischigen Blätter lassen auf den ersten Blick jedoch eher auf einen Kaktus schließen als auf ein Kraut. Wie Wissenschaftler feststellten, soll die Nutzpflanze mehrere Hundert Wirkstoffe besitzen, die unter anderem bei Sonnenbrand oder Insektenstichen hilfreich sind. Für klassische Mittelmeerbilder sorgen in erster Linie knorrige Olivenbäume, Palmen, Feigen- sowie Lorbeerbüsche. Eine bedeutende Rolle spielen auch Liguster sowie säulenförmige Mittelmeer-Zypressen (nach schwachwüchsigen Sorten fragen!), die man wunderbar im Kübel halten kann. Ein Blütenspektakel garantieren Oleander, Bleiwurz, Hibiskus, Rosen und Bougainvilleen. Bei der Pflanzenauswahl hier in Deutschland muss auf robuste und ausreichend winterharte Arten geachtet werden. Frostgefährdete Pflanzen gehören in einen Kübel, damit sie bei Bedarf rasch in ein Winterquartier geräumt werden können.

MEDITERRANES FLAIR In den reich verzierten Terrakotta-Gefäßen kommen die Lorbeerbäumchen mit den würzigen Blättern besonders gut zur Geltung.

KLEINE TOPFGALERIE mit Heiligenkraut. Da die Gefäße recht klein bzw. die Pflanzen mitten im Wachstum sind, ist an heißen Tagen zwei Mal täglich Gießen angesagt und spätestens im Herbst das Umtopfen in frische Kräutererde.

PLATZ NEHMEN UND GENIESSEN Umgeben von Lavendel und mediterranen Kräutern kann man wunderbar eintauchen in das Land der Düfte.

EIN HAUCH VOM SÜDEN Rosmarin und Thymian haben Flecht-Töpfe in Beschlag genommen. An sonnigen Tagen ist der Duft besonders intensiv!

VIEL SPASS BEIM SELBERMACHEN

WER EINEN GARTEN HAT, weiß, wie verführerisch und inspirierend es ist, durch ein Gartencenter, Kaufhaus oder einen Dekoladen zu schlendern und Ausschau nach schicken Accessoires zu halten. Das Angebot ist unerschöpflich groß. Doch trotz aller Begeisterung holt uns häufig ein Blick auf das Preisschild in die Realität zurück. Was aber nicht zwangsläufig ein Nachteil sein muss. Ganz im Gegenteil, es macht erfinderisch. Denn mit etwas Fantasie und Fingerspitzengefühl lassen sich viele alltägliche oder in die Jahre gekommene Dinge ohne großen Aufwand und relativ preiswert im Nu aufpeppen. Dazu gehören Pflanzgefäße aller Art, Mobiliar oder Gießkannen.

VERJÜNGUNGSKUR MIT NEUER FARBE Wichtig beim Restaurieren ist, dass das Mobiliar zunächst einmal gründlich gereinigt wird. Das heißt: Schmutz aller Art und Moos mit einer Bürste und warmem Seifenwasser gründlich entfernen, danach mit einem weichen Tuch abreiben und gut trocknen lassen. Lackierte Möbel gründlich mit einer Drahtbürste reinigen, den Lack mit einer Spachtel abkratzen und danach sorgfältig abschleifen. Je exakter Sie dabei arbeiten, umso zufriedener werden Sie mit dem Ergebnis sein. Vor dem Neuanstrich in Ihrer Lieblingsfarbe ist eine Acrylgrundierung ratsam, dann hält die Farbe besser. Danach je nach Vorliebe Acryl-Lasur oder -Buntlack auftragen. Dabei nur Produkte für den Außenbereich verwenden. Denn sie sind witterungsbeständig, schmutzabweisend, behalten ihren Farbton länger und blättern nicht so schnell ab. Wer die Sitzflächen und die Tischplatte gerne gemustert mag, besorgt sich im Fachhandel entsprechende Schablonen und wasserfeste Farben, damit kann kaum was schiefgehen.

DEKORATIVE HÄNGEAMPEL Das Besondere an dem hübschen Kräutergefäß (Fotos rechts) ist der mit Serviettentechnik verzierte Kunststofftopf. Dafür benötigen Sie ein entsprechendes Ampelgefäß, Servietten mit Kräuterfrauen oder einem anderem Kräutermotiv. Dann zunächst die ausgewählte Papierserviette zurechtlegen. Hat sie mehrere Lagen, die bedruckte Schicht vorsichtig abziehen und die Motive mit der Decoupage-Schere zurechtschneiden. Das saubere Pflanzgefäß mit Serviettenlack einstreichen, leicht antrocknen lassen, das Motiv auflegen und mit einem trockenen Tuch behutsam andrücken. Zur Versiegelung des Dekors das Ganze ein weiteres Mal sparsam mit Kleber bestreichen. Eventuell entstandene Fältchen korrigieren und den Topf zu guter Letzt mit Klarlack überstreichen. Danach Erde einfüllen und die ausgewählten Kräuter hineinpflanzen. Dränage beziehungsweise das Wasserabzugsloch nicht vergessen!

1 TOPF VERZIEREN Die Materialien: Serviettenlack und -kleber, Pinsel, grüne Decormatt-farbe zum Bemalen der Topfaufhängung, Decoupage-Schere, Serviette.

2 AUSSCHNEIDEN Obere Serviettenschicht abziehen. Serviettenlack und -kleber mit einem Pinsel auftragen, Motive aufkleben.

3 KLEIN, ABER FEIN Die hübsch verzierte Hängeampel ist ein zuverlässiger Kräuter-Lieferant und ein toller Hingucker auf dem Mini-Balkon.

→ SERVIETTENTECHNIK Als Mitbringsel oder Dekoration: Thymian, Basilikum und Rosmarin (von links nach rechts) können sich in den verzierten Blecheimerchen sehen lassen.

↘ VON WEGEN SCHLICHT In nicht mal einer Stunde können Tontöpfe in schicke Deko-Objekte verwandelt werden. Dazu wasserfeste Farben mit einem Pinsel auftragen. Nach dem Trocknen Erde einfüllen und Kräuter einpflanzen. Dränage bzw. das Wasserabzugsloch nicht vergessen.

TISCH-SCHMUCK:
DUFTIG & FARBENFROH

EIN STRAUSS, GESTECK oder eine bepflanzte Schale: Dafür müssen es längst nicht immer die klassischen Blumen sein. Ganz im Gegenteil. Versuchen Sie es doch einmal mit Kräutern! Sie verzaubern uns auf ganz wundersame Weise. Currykraut, Kamille, Kapuzinerkresse, Lavendel, Rosmarin, Ringelblumen oder Oregano zum Beispiel eignen sich bestens. Aber auch ein Arrangement mit Duft-Pelargonienblüten und -blättern, umgarnt von ein paar senfgelben Dilldolden, berührt jedes Genießerherz!

DIE SCHÖNSTEN BLÜTEN WACHSEN VOR DER TÜR
Kräuter können durchaus mit Klassikern aus dem Blumenbeet konkurrieren. Und nicht selten stehlen sie ihnen sogar die Show. Ein leuchtendes Beispiel ist das dekorative Ringelblumen-Arrangement (Foto rechts). Beim Kombinie-

ren unbedingt darauf achten, dass die Blütenblätter möglichst nicht beschädigt oder geknickt werden. Dies würde unweigerlich braune Stellen nach sich ziehen. Außerdem kann man sie dann nach ihrem Auftritt abschneiden und zum Trocknen auf Pergamentpapier oder einem sauberen Tuch auslegen. Nach zwei, drei Tagen, wenn sie rascheldürr sind, können sie für Tee-Mischungen oder für ein Blütenpotpourri verwendet werden. Ringelblumen gedeihen übrigens bestens an einem Sonnenplatz, man kann sie prima aussäen und die Sämlinge später vereinzeln. Es gibt sie in verschiedenen Gelbtönen mit mehr oder weniger brauner Mitte. Besonders hübscher Blumenschmuck lässt sich ebenso aus Kamille, blühenden Borretschblütenstielen, Schafgarbe, Frauenmantel, Ysop, Eibisch, Indianernessel, Duft-Pelargonien, Oregano, Rosmarin, Salbei sowie Blütendolden von Dill oder Fenchel fertigen.

Verwenden Sie beim Binden keinesfalls mehr als drei oder fünf verschiedene Pflanzen oder Farben. Eine tolle Zugabe für Kräuter sind Rosen, Wicken, Garten-Margeriten, Kornblumen, Mutterkraut sowie Sonnenhut. Schön ist auch ein Gourmetstrauß mit blauen Borretschblüten und gelben Dilldolden.

Doch so groß die Vielfalt auch ist, die schönsten Gebinde ergeben sich im Vorübergehen, im Garten oder am Wegesrand.

← **STRAHLENDE SCHÖNHEITEN** Ringelblumen *(Calendula officinalis)* sind nicht nur wertvolle Heilpflanzen, sie können sich, wie dieses lässige Blütenarrangement zeigt, auch als Tischdekoration sehen lassen.

↑ **PERFEKT KOMBINIERT** Kräuter wollen längst nicht nur unter sich sein. Ein bildschönes Beispiel dafür, wie perfekt sich panaschierter Salbei *(Salvia officinalis* ʻIcterinaʻ) und Zitronen-Thymian dekorativ mit Peperoni ergänzen.

→ **HÜBSCHE HERBST-DEKO** Den dekorativen Topf teilen sich buntblättriger Salbei, Astern und Günsel. Er macht sich auch super als Tisch-Schmuck.

DUFT IST EINFACH WUNDERBAR!

UM SEIN UMFELD mit duftenden Pflanzen zu schmücken, gibt es viele Möglichkeiten. Am beglückendsten ist es, wenn man Zeit und Muße für eigene Kreationen hat. Ideen dafür gibt es genug.

DUFTPOTPOURRIS, GEFRAGT SEIT EH UND JE Schon im 16. Jahrhundert wussten unsere Vorfahren den Liebreiz eines Duftpotpourris zu schätzen. Die Zutaten sind im Wesentlichen die gleichen geblieben. Lediglich bei den Fixativen, die notwendig sind, damit sich der Duft möglichst lange hält, werden heute pulverisierte Wurzeln von Duft-Veilchen und Iris verwendet, statt der damals üblichen tierischen Substanzen.

Ein Duftpotpourri ist eine Fülle von Blüten, Blättern und Gewürzen, wohlriechender Öle sowie der genannten Fixiermittel. Geeignet ist praktisch alles, was die Natur uns an Farben, Formen und Duftvarianten bietet.

Ein Grundrezept zum Nachmachen: 3 Tassen getrocknete Lavendelblüten, 1 Tasse getrocknete Duftrosenblüten, ½ Tasse getrocknete Katzenminzeblätter, ½ Tasse getrocknete Römische Kamille, 3 Teelöffel Iriswurzelpulver, etwas Kardamom, 4 Tropfen ätherisches Lavendelöl, 3 Tropfen Zitronenöl sowie 2 Tropfen Rosenöl.
Die getrockneten Pflanzenteile, Iriswurzelpulver und Kardamom in ein großes, verschließbares Gefäß aus Porzellan, Steingut oder Keramik geben und vorsichtig mit den Händen vermischen. Danach die ätherischen Öle darüberträufeln und alles nochmals sorgfältig mischen.

Den Deckel darauflegen und das Potpourri etwa vier Wochen reifen lassen. Währenddessen immer wieder behutsam mischen, so verbinden sich die Düfte gut. Danach das Potpourri in ein dekoratives Gefäß aus Glas, Keramik, Holz oder Porzellan geben und zusätzlich mit ein paar getrockneten Lavendelspitzen oder duftenden Rosenblütenblättern dekorieren.

NEU AUFFRISCHEN Wenn der Duft nach einiger Zeit nachlässt, das Potpourri einfach kräftig durchmischen. Dadurch brechen die Blüten und Blätter und geben ihre Duftreserven frei. Sollte das nicht ausreichen, ein paar Tropfen des ursprünglichen ätherischen Öls darüberträufeln und alles locker mischen.

PFLANZEN FÜR DUFT-POTPOURRIS

Aniskraut, Kampferkraut, Kleinblütige Bergminze, Lemongras, Begrannter Ysop, Indianernessel, Zitronen-Katzenminze, Rosmarin-Arten, Pfirsich-Salbei (rot), Garten-Salbei, Heiligenkraut (silbergrau), Kümmel-Thymian

1

2

3

1 TOPF UMWICKELN Etwas Heu, Rosmarin, Salbei und Lavendelstängel eng aneinanderliegend um den Topfrand legen und mit Golddraht fest umwickeln.

2 ZUSCHNEIDEN Die überstehenden Stängel bündig abschneiden.

3 DEKO PLATZIEREN Die Rosen in Blumensteckschaum stecken. Ein echter Hingucker für jeden Tisch.

→ **BLUMENMÄDCHEN** Mit reich geschmücktem Blütenkranz im Haar verteilt Angelina kleine, bezaubernde Kräutersträußchen in Mini-Tontöpfchen an die Gäste.

BADE-ESSENZEN UND SALBEN-KLASSIKER

ES IST WUNDERBAR, wie vielseitig man Kräuter verwenden kann. Bei dem unüberschaubaren Angebot von Bade-Essenzen und Seifen ist es nicht verwunderlich, dass man auch gerne mal etwas ganz Individuelles ausprobieren mag.

KRÄUTERBAD – PRICKELND UND ERFRISCHEND Sehr einfach lässt sich zum Beispiel ein Fußbadesalz herstellen. Dazu 2 bis 2 ½ kg Meersalz, 20 bis 25 Lavendelblüten, 10 Rosmarinzweige, 20 Salbeiblätter, 8 Duftrosenblüten sowie ätherisches Lavendel-, Rosen- und Zitronenöl bereithalten. Meersalz in eine große Keramikschüssel geben. Die Blütenblätter der Duftrosen einzeln abzupfen und dazugeben, ebenso die Lavendelblüten, Rosmarinnadeln und die Salbeiblätter. Zu guter Letzt noch 10 Tropfen ätherisches Lavendelöl, 2 Tropfen ätherisches

Rosenöl, 5 Tropfen ätherisches Zitronenöl drübertränfeln und mit den Händen oder einem Kunststoffbesteck gut vermischen. Danach das aromatisierte Salz in Einmachgläser abfüllen und verschließen (hält sich jahrelang). Bei Bedarf 3 Esslöffel Kräutersalz entnehmen, in kochend heißes Wasser geben und ein paar Minuten warten, bis es so weit abgekühlt ist, dass die Temperatur angenehm für die Füße ist.

Für ein beruhigendes Kräutervollbad ein Leinenbeutelchen oder einen Frotteehandschuh mit 3 Teilen Kamilleblüten und -blättern, 2 Teilen Mädesüßkraut und je 2 Teilen Lavendel- und Lindenblüten füllen. Mit einem Band am Wasserhahn befestigen und so platzieren, dass das heiße einfließende Wasser über die Kräuter läuft. Wer es samtig mag, gibt noch 4 Esslöffel Sahne dazu, das macht die Haut schön weich und pflegt. Man kann die Kräuter auch direkt ins Badewasser geben. Dann muss man

natürlich vor dem Ablassen des Wassers die Pflanzenteile herausfischen, sonst kann es zur Rohrverstopfung kommen, vor allem, wenn Trockenkräuter verwendet wurden, denn sie klumpen schnell.

Bei trockener Haut 100 g Zitronenmelisse mit 1 Liter Wasser aufbrühen und 10 Minuten ziehen lassen. 1 Liter Buttermilch, den Kräutertee und ½ Teelöffel voll Weizenkeimöl ins Badewasser geben. Bei unreiner Haut empfiehlt sich statt der Zitronenmelisse die Zugabe eines Thymian-Suds (Zubereitung wie für trockene Haut). Allerdings statt Buttermilch 2 Liter Molke ins Badewasser geben.

↖ **RINGELBLUMEN-SALBE** ist seit jeher ein hilfreiches Hausmittel. Sie wirkt wundheilend und entzündungshemmend und gehört in jede Hausapotheke.

↖ **KRÄUTERSEIFEN, GEFRAGTER DENN JE!** Natürliche Seifen mit Kräutern wie Salbei, Thymian, Zitronenmelisse oder Kamille als Zugabe erleben einen richtigen Boom.

↑ **ALOE VERA** hilft bei Sonnenbrand. Die betroffene Stelle mit der frischen Schnittfläche abtupfen.

← **REINIGUNGSMILCH** 4 EL gehackte Minze in 400 ml Milch abgedeckt über Nacht kühl stellen. Pürieren, in einen Topf geben und 2 Minuten köcheln lassen. Nach dem Abkühlen durch ein Mulltuch filtern, in eine Flasche füllen und im Kühlschrank aufbewahren. Innerhalb einer Woche verbrauchen.

↓ **WELLNESS IN DER BADEWANNE** Ein stimulierendes, belebendes Bad in Rosmarin-Salz bringt Sie nach einem stressigen Tag garantiert wieder in die Gänge.

STRÄUSSE UND KRÄNZE

SCHMUCK AUS BLUMEN UND KRÄUTERN ist jederzeit gefragt, ganz gleich, ob Sie Gäste erwarten, die Tischdekoration zusammenstellen wollen oder in Form eines Türkranzes einen Willkommensgruß an der Haustür wünschen. Dabei kommt es weniger auf den Wert oder die Größe des Arrangements an, sondern vielmehr auf seine Ausstrahlung und Komposition.

Als Solisten machen sich zum Beispiel die Blütenstiele von Aniskräutern (*Agastache*-Hybride 'Blue Fortune', *Agastache mexicana, Agastache foeniculum*), Sonnenhut (*Echinacea purpurea*) oder Weinraute (*Ruta graveolens*) besonders schön. Bei der Weinraute sind Blüten wie Blattwerk gleichermaßen attraktiv, allerdings ist beim Ernten etwas Vorsicht geboten.

Die Weinraute wirkt phototoxisch. Das heißt, wenn sie bei Sonnenschein berührt oder geschnitten wird, kann sie bei empfindlichen Menschen äußerst starke Hautreizungen verursachen. Deshalb generell nur bei bedecktem Himmel ernten und sich zusätzlich durch lange Gärtnerhandschuhe schützen.

VON WEGEN „KRÄUTER SIND NUR GRÜN" Beeindruckend, wie ein orangefarbener Ringelblumenstrauß automatisch alle Blicke auf sich zieht. Wer einen großen Tisch hat und es opulent mag, kombiniert das farbenfrohe Heilkraut mit den weißen Schaumblüten der wilden Möhre, blühenden Dilldolden, Borretschblüten und Oreganozweigen. In einem bauchigen Steingutgefäß oder Keramikkrug wirkt der Strauß besonders schön.

Mit bezaubernden gelben Blüten und silbergrauen Blättern begeistert das Heiligenkraut (*Santolina chamaecyparissus*) immer wieder aufs Neue.

Als absoluter Hingucker in Rot und unschlagbarer Nasenschmeichler entpuppt sich der Ananas-Salbei (*Salvia rutilans*), dessen Blätter geradezu ein verschwenderisches Fruchtaroma aussenden. In faszinierenden Blautönen präsentieren sich Katzenminze (*Nepeta × fassenii* 'Walker's Low') und Lavendel (z. B. *Lavandula angustifolia* 'Siesta'). Sie alle lassen sich bestens mit Rosen kombinieren.

Am schönsten ist die Wirkung eines Straußes, wenn Sie dafür nicht mehr als drei oder fünf verschiedene Pflanzen oder Farben miteinander kombinieren. Und vergessen Sie vor dem Einstellen in die Vase nicht, alle Blätter im unteren Stielbereich zu entfernen. Sonst kommt es ruck, zuck zu Fäulnis, das Wasser wird modrig und beginnt zu müffeln.

↑ WAS FÜR EINE PRACHT! Einmal durch den Garten und querbeet abschneiden, was einem gerade gefällt – schöner könnte das Ergebnis gar nicht sein. Roter Sonnenhut, Frauenmantel, Schleierkraut und Glockenblume.

→ DUFTIG LEICHT Dieser locker gebundene Strauß mit Minze, Rosmarin, Salbei, Borretsch, Schafgarbe und Klee sieht überall gut aus. Als Tischschmuck, wenn Gäste kommen, in der Küche oder als Mitbringsel zur Einladung.

**KRÄNZE – ALLES ANDERE
ALS ALTMODISCH** Auch
wenn Kränze eine Zeit lang
nicht so sehr gefragt waren,
gewinnen sie zusehends wieder
Freunde. Zu Recht. Sind sie
doch unwiderstehlich, wie
der schlichte Kräuterkranz
mit den entzückenden blauen
Taubnesselblüten (Fotos) zeigt.
Hierfür wurden Veronika, Vo-
gelmiere, Salbei, Wiesenkerbel
und Taubnessel als Hingucker
in gleichmäßigem Rhythmus
auf einen Kranzkörper gelegt
und mehr oder weniger fest
mit Draht umwickelt. Der ge-
zeigte Kranz wurde auf einen
Holzkörper gebunden und
kann im Wasser liegen. Ideal
ist es, er wird, wie auf dem
Foto, kurzweilig aufgehängt.
Wenn Sie einen Kranz mit
längerer Freude an frischen
Blüten und Blättern bevorzugen, ist das auch kein Problem.
Am besten besorgen Sie sich im
Bastelbedarf einen Kranzkörper
aus Frischblumensteckmasse.

Diesen dann kurz in kaltes
Wasser tauchen, Pflanzenstiele
schräg anschneiden und gleichmäßig hineinstecken.
Das Trocknen eines Kräuter-
kranzes ist zwar einen Versuch
wert, doch das Ergebnis ist
nicht immer gleich zufrieden-
stellend. Zum einen lassen
sich Farbveränderungen nicht
vorhersehen und zum anderen
schrumpfen viele Pflanzen sehr
stark, Zitronenmelisse und
Minzen gehören beispielsweise
dazu. Dill- oder Fenchelkraut
hingegen wird gerne braun
oder die feinen Blätter vergilben rasch und fallen ab.
Alternativ zur frischen Verarbeitung können Sie einiges Pflan-
zenmaterial direkt nach der
Ernte trocknen und erst dann
zu einem Kranz verarbeiten.

HÜBSCHE RUNDE Dieser Kranz
mit den Taubnesselblüten ist
schnell gemacht.

EIN HERRLICHER
BLÜTENKRANZ

SCHÖN GEDECKTE TISCHE

BLUMEN UND FRISCHE KRÄUTER aus dem eigenen Garten geben jedem Fest einen ganz besonderen Rahmen. Denn es kommt nicht darauf an, dass die einzelnen Blüten perfekt sind, sondern vielmehr auf Individualität. Schon der Anblick einer Dillblüte, begleitet von einem Rosmarinzweig (siehe Foto rechte Seite) löst Wohlbehagen aus.

Je schlichter die Tischwäsche, umso mehr rückt die Deko in den Mittelpunkt. Besonders empfehlenswert: naturfarbene Leinentücher mit ebensolchen oder unifarbenen Leinenservietten. Dadurch bekommt der Kräuterschmuck automatisch mehr Aufmerksamkeit. Sinnvoll ist auch schlichtes, einfarbiges, am besten helles Geschirr. Blumige Motive oder gar Streifenlook würden der natürlich gehaltenen Deko nicht nur die Show stehlen, sondern auch Unruhe ausstrahlen.

Beim Eindecken immer wieder von verschiedenen Standorten aus einen Blick auf die Tafel werfen und darauf achten, dass es unbedingt auch Höhen und Tiefen gibt. Höhe bringen zum Beispiel Kerzenständer oder Glaswindlichter. Beide können wunderbar mit Kräutern geschmückt werden. Ein Strauß mit Zweigen vom Olivenbaum, Lorbeer, Eukalyptus, Zitronen-Thymian, Apfel-Minze, Oregano, Salbei, Dilldolden, blühendem Basilikum, Lavendel und Duft-Pelargonien in einem Windlicht versunken, wirkt sehr beeindruckend. Eine passende Zugabe aus dem Rosengarten wären ein paar gefüllte Rosen in Weiß oder sanftem Rosaviolett. Für ein Aha-Erlebnis sorgen Wasserschälchen, in denen ein paar kontrastreiche Blütchen schwimmen, beispielsweise von Ringelblume oder Borretsch.

SERVIETTENRINGE UND NAMENSSCHILDER Anstelle kunstvoll gefalteter Servietten oder klassischer Serviettenringe bieten sich junge Zweige von Thymian oder Rosmarin an.

Sie lassen sich noch prima biegen und machen im Gegensatz zu Pfefferminze oder Zitronenmelisse nicht so schnell schlapp.

Für die Namensschilder besorgen Sie sich am besten kleine Tontöpfchen und Kupferschilder (bogenweise im Schreibwarenbedarf). Dann ein Körbchen voller unterschiedlicher Kräuter abschneiden, zum Beispiel Lavendel, Rosmarin, Thymian, Oregano, Heiligenkraut, Ysop, Currykraut, Petersilie, Katzenminze, Salbei, Schnittlauchblüten oder nach Belieben auch andere. Gläser in die Tontöpfe stellen, Wasser einfüllen und die Kräuter darin zu lockeren Sträußchen arrangieren. Besonders schön ist die Wirkung, wenn nicht alle Arrangements gleich aussehen. Danach Kupferschilder ausschneiden, mit den Namen der Gäste beschriften und in die Tontöpfchen legen und als Platzkarten verteilen. Nach dem Fest dürfen die Gäste ihr Schild zur Erinnerung mit nach Hause nehmen.

1 DAS BRAUCHEN SIE Weißes Laken (ohne Appretur), Schere, Servietten, Servietten-Textilkleber, Pinsel. Dann Motive ausschneiden und obere bedruckte Lage ablösen. Ausgewählte Stoffstelle mindestens 1 cm größer als das Serviettenmotiv mit Textil-Medium grundieren.

2 MOTIVE AUF DIE ANGEFEUCHTETEN STELLEN des Stoffes legen, über den Rand hinaus mit Textilkleber übermalen. Decke nach Herstellerangaben bügeln.

3 KLEINER AUFWAND, GROSSARTIGE WIRKUNG Dank Serviettentechnik verwandelt sich ein schlichtes Bettlaken im Handumdrehen in eine attraktive Kräuter-Tischdecke.

→ **TELLERSCHMUCK MIT WÜRZIGER NOTE** Schlicht und ergreifend ist im wahrsten Sinne des Wortes die Wirkung von Dillblüte, Lavendel und Rosmarinzweig auf der grünen Leinenserviette. Eine Deko, die bei jeder Gartenparty garantiert gut ankommt.

VERWENDEN & GENIESSEN

Leckeres für jeden Tag

KLASSIKER

für jeden Tag. Versuchen Sie Kräuter immer wieder in den Alltag zu integrieren. Ob Bohnenkraut, Dill, Rosmarin, Schnittlauch oder andere klassische Küchenkräuter. Damit können Sie nicht nur Suppen, Soßen, Salate und Fleischgerichte verfeinern oder ergänzen: Die wertvollen Inhaltsstoffe machen Speisen im Allgemeinen bekömmlicher und kurbeln die Verdauung an. Dabei kommt es nicht auf die Menge an, sondern vielmehr auf die Qualität und die Mischung. Schon mit kleinsten Mengen kann man viel bewirken.

KRÄUTER
als Würze, Jungbrunnen und
Leckerbissen

KRÄUTER AUFBEWAHREN

FRISCH GEERNTETE GARTENKRÄUTER sind qualitativ kaum zu toppen. Deshalb liegt es natürlich nahe, dass man einen Teil seiner Ernten gerne für den Winter konservieren möchte. An Möglichkeiten mangelt es nicht.

BEWÄHRTE KONSERVIERUNGSMETHODE: DAS TROCKNEN Majoran, Thymian, Rosmarin, Salbei, Sommer-Bohnenkraut, Pfefferminze, Ysop, Zitronenmelisse oder Verveine eignen sich bestens zum Trocknen. Unter frucht-tragende Kräuter wie Anis, Dill, Fenchel, Koriander oder Kümmel ein sauberes Tuch zum Auffangen der würzigen Samen legen.

Grundsätzlich die Kräuter unmittelbar nach der Ernte auf Schädlingsbefall oder Schadstellen hin überprüfen, dann jeweils sechs bis zehn einwandfreie Stängel zu einem Strauß binden und an einem warmen, trockenen und luftigen Platz aufhängen. Sobald die Kräutersträuße trocken sind – die Blätter rascheln dann bei Berührung –, diese von den Stielen streifen und in luftdicht schließende, dunkle Gefäße mit Schraubverschluss geben. Wer mag, kann sie zuvor zerkleinern, das Aroma bleibt jedoch besser erhalten, wenn die Blätter erst bei Gebrauch zerkleinert werden. Die Gefäße mit Inhalt und Datum beschriften; am besten nach Sorten oder Mischungen zusammenstellen. Haltbarkeit: bis zu einem Jahr.

PÜRIERTES BASILIKUM MIT ÖL

- Blätter abzupfen und mit etwas Öl pürieren. Die Masse in Einweg-Spritz-Beutel (z. B. Melitta Toppits®) geben, Kleckse auf ein Tablett spritzen und schockgefrieren.
- Gefroren in Gefrierbeutel oder –dosen geben, verschließen und endgültig einfrieren.
- Bei Bedarf zum Würzen (gefroren) verwenden.
- Basilikum lässt sich maximal acht bis zehn Monate einfrieren.

AROMEN AUF EIS LEGEN

Zum Einfrieren eignen sich vor allem Basilikum, Bohnenkraut, Dillkraut, Estragon, Kerbel, Liebstöckel, Majoran, Melisse, Petersilie und Schnittlauch.

Der Vorteil beim Einfrieren ist: Die Inhaltsstoffe, das Aroma und die Farbe bleiben weitgehend erhalten. Allerdings bleibt ihr Aussehen dabei auf der Strecke. Daher ist es sinnvoll, Kräuter vor dem Einfrieren möglichst portionsweise vorzubereiten und bei Bedarf gefroren zu verwenden.

Die zum Einfrieren vorgesehenen Kräuter direkt nach der Ernte behutsam unter fließendem Wasser spülen, mit Küchenkrepp trockentupfen und nach Belieben in gefriergeeignete Beutel oder Dosen geben. Idealerweise werden die Kräuter zuvor fein gehackt und mit etwas Wasser in Eiswürfelbehälter gegeben. Die durchgefrorenen Eiswürfel später in gefriergeeignete Dosen umfüllen und mit Inhalt und Datum beschriften. Gefrorene Kräuter sind in der Regel bis zu acht Monaten haltbar.

NICHT ZU WARM! Bei hoher Luftfeuchtigkeit im Raum kann man die gut verlesenen, ungewaschenen Kräuter auch in einem Dörrapparat oder im Backofen trocknen (maximal 30 bis 40 °C, ab und zu wenden).

SCHONEND TROCKNEN Die gängigste und einfachste Methode, Kräuter zu trocknen, ist, sie zu lockeren Sträußchen zu binden und kopfüber an einem luftigen, warmen, schattigen Platz aufzuhängen. Nach wenigen Tagen sind sie rascheldürr.

LEICHTE ERNTE Salbei wächst in der Regel unproblematisch. Für die Ernte und damit sich der Halbstrauch schön entwickelt, die Triebspitzen regelmäßig abschneiden.

ERNTEZEITPUNKT Die ideale Tageszeit, um Kräuter zum Trocknen zu ernten, ist vormittags, sobald der Morgentau abgetrocknet ist. Die Aromaten müssen dafür von einwandfreier Qualität und unter optimalen Bedingungen herangewachsen sein, sonst wird das Ergebnis nur mittelmäßig ausfallen. Trockenkräuter luftdicht und grundsätzlich dunkel lagern.

KRÄUTERTEE

AN AUSWAHL UND MÖG-LICHKEITEN, Kräuter aus dem eigenen Garten für feinen Tee zu nutzen, mangelt es nicht. Als Faustregel gilt: Für 200 ml Wasser ca. zwei Teelöffel zerkleinerte Trockenkräuter verwenden. Da Tee sich am besten in einem weiten Gefäß entfaltet, für die Zubereitung eine bauchige Tasse oder noch besser eine Kanne mit breitem Tee-Einsatz verwenden. Für Kräuter-Vorräte werden Blätter, Blüten und Triebspitzen behutsam getrocknet, und zwar an einem luftigen, trockenen, jedoch nicht sonnigen Ort (siehe dazu auch S. 56/57). Kräuter, die an der prallen Sonne getrocknet werden, büßen sehr viel Aroma ein.

SOMMER-REZEPT Sehr erfrischend und durstlöschend im Hochsommer: Zwei Beutel oder einen gehäuften Teelöffel Schwarztee in einem Teekrug mit einem Liter kochendem Wasser übergießen. Ein Bund Frischkräuter, beispielsweise Zitronenverbene, Zitronenmelisse, Pfefferminze und Ananas-Salbei sowie Scheiben von zwei unbehandelten Zitronen hinzufügen. Wer mag, kann noch frisch abgezupfte Blütenblätter einer Ringelblume und sechs bis acht Kamillenblüten sowie ein paar ungespritzte Duftrosenblütenblätter dazugeben. Das Ganze mit naturreinem Apfelsaft aufgießen und etwa zehn Minuten durchziehen lassen.

Kräutertee mit Apfelsaft kann warm und kalt getrunken werden. Er kommt besonders gut bei Kindern an. Allerdings für Kinder keinen Schwarztee – wegen des Tein-Gehalts – verwenden, sondern einfach die Menge der Teekräuter erhöhen und nach Belieben einen Teelöffel Anissamen hinzufügen. Sehr lecker schmeckt Kräutertee auch, wenn Sie etwas frische Ingwerwurzel mit aufbrühen.

In orientalischen Ländern ist es gang und gäbe, Schwarztee und Minzeblätter miteinander aufzubrühen. Hiervon gibt es neben der gewöhnlichen Pfefferminze noch eine ganze Reihe anderer wohlschmeckender Auslesen, siehe Tabelle links.

TEEKRÄUTER FÜR BEET UND TOPF

Name	Pflanzenteil für Tee
Anis-Ysop *(Agastache foeniculum)*	Blätter
Echte Kamille *(Matricaria recutita)*	Blüten
Gewürz-Fenchel *(Foeniculum vulgare)*	Früchte/Samen
Zitronenverbene *(Aloysia triphylla)*	Blätter
Kretische Melisse *(Melissa officinalis* var. *altissima)*	Blätter
Pfefferminze *(Mentha × piperita* 'Mitcham')	Blätter
Marokkanische Minze *(Mentha spicata* var. *crispa)*	Blätter
Russische Minze *(Mentha × piperita* var. *citrata)*	Blätter
Goldmelisse *(Monarda didyma)*	Blätter, Blüten
Anis *(Pimpinella anisum)*	Blätter, Früchte
Paraguay-Süßkraut *(Stevia rebaudiana)*	Blätter
Orangen-Thymian *(Thymus fragrantissimus)*	Blätter, Blüten

↑ VERDAUUNGSTEE 15 g Angelikawurzel, je 20 g Melisseblätter, Hopfenzapfen, Majorankraut, Fenchelsamen und 5 g Wermutkraut (getrocknet) mischen, in eine Teedose füllen. Bei Bedarf 1 TL mit einer großen Tasse kochendem Wasser überbrühen, 7 Minuten ziehen lassen, ungesüßt trinken.

↖ FARBENFROH Trockenkräuter sortiert aufbewahren und bei Bedarf immer wieder kleinere Teemischungen kreieren.

← DUNKEL AUFBEWAHREN Getrocknete Teekräuter gut verschlossen und trocken aufbewahren. Dafür eignen sich am besten Blechdosen oder Porzellangefäße mit Deckel.

↓ ERFRISCHUNG GEFÄLLIG? Dann liegen Sie mit einem Verveine-Tee (Zitronenverbene) genau richtig. Einfach eine Handvoll Blätter abzupfen, in eine Teekanne geben, mit heißem Wasser übergießen, ziehen lassen, nach Belieben süßen.

IN ESSIG, ÖL, PESTO & CO.

NICHTS GEHT EINFACHER, als Essig oder Öl mit Kräutern zu aromatisieren. Dazu beispielsweise Basilikum, Bohnenkraut, Estragon, Thymian oder Rosmarin ernten. Die Stiele ein paar Stunden antrocknen lassen, danach leicht andrücken, damit sich die Aromen lösen und in eine saubere Glasflasche stecken. Dann mit neutralem Essig oder Öl übergießen und drei bis fünf Wochen an einem warmen, schattigen Platz reifen lassen. Das Gefäß täglich

BELIEBTES OLIVENÖL

Wer ein wirklich gutes Olivenöl möchte, muss beim Kauf darauf achten, wie es hergestellt wurde und wie hoch bzw. niedrig der enthaltene Ölsäuregehalt ist. Ein qualitativ gutes Öl sollte weniger als 1 % Ölsäure aufweisen, ein sehr gutes unter 0,5 %. Das heißt: Die Früchte hierfür wurden reif und von Hand gepflückt (ansonsten werden die Bäume geschüttelt und die Oliven in Tüchern aufgefangen) und so rasch wie möglich verarbeitet.
5 bis 6 Kilo Oliven ergeben etwa 1 Liter Öl, was den recht hohen Preis erklärt.

einmal leicht schütteln. Danach stets darauf achten, dass alle Kräuterteile mit Flüssigkeit bedeckt sind. Nach dieser ersten Reifezeit die Kräuter durch neue ersetzen und weitere zwei Wochen ziehen lassen. Jetzt erst das Öl oder den Essig durch ein Haarsieb abseihen, in eine dekorative Flasche umfüllen und beschriften. Nach Belieben zur Dekoration ein paar getrocknete Kräuterstiele in die Flasche geben.

WÜRZIGE BROTAUFSTRICHE
- **Schafskäseaufstrich:**
  125 g zerbröckelten Schafskäse, 20 g Butter und 1 TL Tomatenmark mit 4 zerdrückten Knoblauchzehen vermischen.
- **Kräuterbutter:** 250 g weiche Butter, 1 Bund fein gehackte Petersilie, 2 Schalotten (in Würfel geschnitten) und 4 zerdrückte Knoblauchzehen mit dem Schneebesen des Handmixers vermischen, salzen und pfeffern.
- **Auberginenaufstrich:** 3 zerdrückte Knoblauchzehen; die Haut von 2 kleinen Auberginen abziehen und mit etwas

Wasser auf einem Backblech im vorgeheizten Ofen bei 200 °C garen. Abkühlen lassen, pürieren und mit dem Saft einer halben Zitrone, dem Knoblauch und 4 EL Olivenöl sowie Salz und Pfeffer vermischen.

BASILIKUMPESTO FÜR PASTAFANS
Zutaten: 4 bis 5 Knoblauchzehen, 50 g Pinienkerne, 1 TL Meersalz, 120 bis 150 g frische Basilikumblätter, 125 g Pecorino-Käse, 150 ml kalt gepresstes Olivenöl.
Zubereitung: Knoblauch kleinschneiden, mit Pinienkernen und Salz im Mörser zerstoßen. Basilikumblätter behutsam waschen, trockentupfen, grob schneiden und zur Knoblauchmasse geben. Das Ganze so lange im Mörser stampfen, bis eine cremige Masse entstanden ist. Den Käse darüberreiben, nach und nach das Olivenöl unterrühren.

← **ROSMARIN-ÖL** Zum Aromatisieren 2 bis 4 Stiele Rosmarin in eine saubere Flasche geben, mit ½ l Sonnenblumenöl aufgießen und das Gefäß verschließen. Danach 2 bis 3 Wochen an einem hellen Ort durchziehen lassen; durch ein Haarsieb abseihen und das angenehm würzige Öl in eine saubere, trockene Flasche abfüllen.

✓ **BROTAUFSTRICHE** Sie sind fix gemacht und schmecken super lecker auf getoasteten Vollkornbrotscheiben oder Stangenweißbrot.

↑ **BASILIKUMPESTO FÜR NUDELFANS** Die wichtigsten Zutaten für die berühmte, würzige Soße: reichlich Knoblauch und frisches Basilikum, Pinienkerne, Parmesan. Fertiges Pesto ist geschmeidig wie Mayonnaise und passt hervorragend zu Teigwaren, Gnocchi, gegrillten Tomaten, gekochtem Fleisch und verfeinert Suppen. Es schmeckt am besten frisch zubereitet.

WOHLSCHMECKENDE WILDKRÄUTER

NACHDEM MAN ESSBARE WILDPFLANZEN jahrelang mehr oder weniger unbeachtet am Wegesrand hat stehen lassen, erfahren sie heute geradezu einen Run. Wenn man sich ihre Inhaltsstoffe einmal genauer anschaut, ist es kaum zu glauben, dass sie so lange Zeit ein unbeachtetes Schattendasein geführt haben. Durch Untersuchungen und Vergleiche der Inhaltsstoffe von Wild- und züchterisch weiterentwickelten Kulturpflanzen kennt man heute den Wert von Wildkräutern und weiß ihn auch durchaus zu schätzen. Was jedoch nicht heißt, dass sie ein Allheilmittel sind, und schon gar nicht, dass man sie in großem Stil überall ernten oder täglich in großen Mengen verzehren sollte. Ganz im Gegenteil. Verkosten Sie Bärlauch, Brunnenkresse, Löwenzahn & Co. zunächst in kleinen Mengen.

NICHT ALLE WILDPFLANZEN SIND UNBEDENKLICH Trotz aller Popularität und positiver Eigenschaften sollten Wildpflanzen nie willkürlich nach dem Motto „Viel hilft viel" verwendet werden. Das wäre fatal. Außerdem ist es sehr wichtig, dass Sie alle Wildpflanzen, die Sie als Gemüse zubereiten oder zum Würzen verwenden, einwandfrei identifizieren können und auch jene kennen, die giftig sind. Bärlauch zum Beispiel kann leicht mit den Blättern von Maiglöckchen oder Herbstzeitlose (beide stark giftig!) verwechselt werden. Wer unsicher ist oder noch keine Erfahrung hat, sollte sich zwingend nicht nur anhand von Büchern damit beschäftigen, sondern unbedingt an professionellen Wildkräuterwanderungen teilnehmen, die in ländlichen Gegenden vom Frühjahr bis zum Herbst angeboten werden. Die Termine hierfür werden meist in der Tagespresse bekannt gegeben, auch Landratsämter, Volkshochschulen oder Kräuter- und Heilpflanzenschulen bieten entsprechende Kurse an.

BELIEBTE ESSBARE WILDKRÄUTER

• Gänseblümchen *(Bellis perennis)*: Frische Blätter und Blüten als Brotbelag, an Frischkäse und Blattsalate.

• Giersch *(Aegopodium podagraria)*: Blätter fein gehackt an Salate, Kräuterbutter, Pesto und Suppen; Giersch-Tee (2 Tassen täglich) lindert Schmerzen bei Rheuma, Gicht und Arthritis.

• Gundelrebe *(Glechoma hederacea)*: Junge Blätter und Schösslinge (vor der Blüte im Frühjahr) für Salate, Gemüsesuppen, Kartoffelgerichte, Quark und Kräuterbutter.

• Löwenzahn *(Taraxacum officinale)*: Junge Blätter als Salat, an Kartoffelsalat, Gemüsegerichte oder klein geschnitten an Rühreier oder Frischkäse.

• Sauerampfer *(Rumex acetosa)*: Junge Blätter in Frühlingssalate. Neben reichlich Vitamin C enthält Sauerampfer auch Oxalsäure, die bei überreichem Genuss zu Nierenstörungen führen kann. Deshalb nicht täglich oder in großen Mengen essen. Durchs Kochen wird die Oxalsäure abgebaut.

← **SPITZ-WEGERICH** (*Plantago lanceolata*) ist nicht nur ein probates Kraut bei Bronchialbeschwerden, er wirkt auch schmerzlindernd bei Hautentzündungen und Sonnenbrand.

↗ **WIESENWUNDPFLASTER** Saubere, gesund aussehende Spitz-Wegerich-Blätter pflücken. Mit kaltem Wasser abspülen, gut abschütteln oder mit Küchenkrepp trockentupfen, bündeln und mit beiden Händen kneten, bis Saft austritt.

→ **SAFT BRINGT LINDERUNG** Den austretenden, frischen Spitz-Wegerich-Saft auf die betroffene Hautstelle geben bzw. diese mit den Blättern einreiben. Die enthaltenen Wirkstoffe lindern Schmerzen.

↓ **PRACHTVOLL** Kamille, Goldmelisse, Eibisch, Thymian und Salbei sind eine Augenweide! Beim Ernten möglichst behutsam vorgehen und die Schätze locker in einen Korb legen.

UNVERZICHTBARE GEWÜRZE

GEWÜRZE MACHEN UNSERE SPEISEN nicht nur bekömmlicher, sie geben ihnen auch das gewisse Etwas. Sie in den Alltag zu integrieren, ist zwar ganz einfach, braucht aber etwas Fingerspitzengefühl. Vor allem was die Dosierung betrifft. Gewürze werden überall in großer Auswahl angeboten, am häufigsten in benutzerfreundlicher gemahlener Form. Zunehmend kommen gebrauchsfertige Mischungen hinzu, die ganz gezielt auf verschiedene Speisen ausgerichtet sind. Diese Darreichungsformen erleichtern die Handhabung natürlich enorm. Doch durch die Verarbeitung, so schonend sie auch durchgeführt wird, gehen zwangsläufig auch wertvolle Inhaltsstoffe verloren. Und: Nicht selten werden auch Zucker, Salz, Säuerungsmittel und Farbstoffe hinzugefügt.

Das Geschmackserlebnis von frischen oder getrockneten ganzen Blättern (Lorbeer), Samen (Anis, Dill, Fenchel oder Pfeffer), Beeren (Wacholder), Rinde (Zimt) oder Wurzeln (Ingwer) ist da schon weitaus intensiver.

WISSENSCHAFTLER BESTÄTIGEN DIE WIRKUNG Nach jahrelangen Forschungen ist es heute so, dass selbst die Skeptiker unter den Wissenschaftlern den enthaltenen bioaktiven Stoffen eine gesundheitsfördernde Wirkung zuschreiben. Dazu gehören neben ätherischen Ölen, Vitaminen und Mineralstoffen unter anderem auch Flavonoide, Saponine, Polyphenole sowie Phyto-Östrogene. Das sind Stoffe, die den Stoffwechsel anregen, Cholesterin senken, Keime töten, Entzündungen abklingen lassen, den Blutdruck regulieren helfen oder Autoimmunkrankheiten vorbeugen.

MEHR GESCHMACK

Dank ihrer vielfältigen und reich vorhandenen Inhaltsstoffe sind Gewürze von großer gesundheitlicher Bedeutung:

• Fördern den Appetit: Chili, Ingwer, Paprika, Pfeffer, Piment, Senf

• Kurbeln die Magensaft-Produktion an: Curcuma, Meerrettich, Nelken, Paprika, Pfeffer, Senf

• Verdauungsfördernd: Basilikum, Chili, Knoblauch, Nelken, Senf

• Vorbeugend oder lindernd bei Blähungen: Anis, Basilikum, Dill, Fenchelsamen, Knoblauch, Koriander, Kümmel, Majoran

• Durchblutungsfördernd: Chili, Knoblauch, Paprika, Rosmarin, Senf

• Antibakteriell wirken: Curcuma, Fenchel, Knoblauch, Kresse, Meerrettich, Nelken

• Keimhemmend (Bakterien, Pilze): Bohnenkraut, Knoblauch, Nelke, Oregano, Piment, Thymian, Zimt, Zwiebeln

↑ **WACHOLDER** *(Juniperus communis)* wächst anspruchslos und bringt blaue Beeren hervor, die ab Oktober reifen.

→ **STATTLICH** Fenchel *(Foeniculum vulgare)* treibt mannshohe Stängel und attraktive Blütendolden, in denen würzige Samen heranreifen.

→ **AROMATISCH** Kümmelsamen sind im Sommer des zweiten Jahres erntereif; sie enthalten reichlich ätherisches Öl.

↓ **KNOBLAUCH** *(Allium sativum)* hat es in sich. Wenn die Blätter vergilben, Knollen aus der Erde ziehen und abtrocknen lassen.

→ **IMMERGRÜN UND AROMATISCH** Echte Lorbeerblätter sind dunkelgrün, glänzend und leicht gewellt. Der Strauch ist nicht winterhart.

GEWÜRZE IM BEET UND TOPFGARTEN Industriell hergestellte Gewürze sind meist nicht vergleichbar mit den im reifen Zustand geernteten Kräutern und Gewürzen, die wir im Garten heranziehen. Längst schon haben neben heimischen Doldenblütlern wie Anis, Dill und Fenchel auch Koriander und Kümmel ihren festen Platz in unseren Gärten gefunden. Zunächst mal begeistern sie uns durch die attraktiven Wuchsformen und aromatisches Blattwerk, ehe wir dann im Herbst die reifen Früchte des Sommers ernten können. Zugegeben: Die Ernte macht Arbeit und verlangt viel Fingerspitzengefühl, aber spätestens dann, wenn wir sie im Glas oder in der Dose haben, werden uns diese Schätze beglücken.

Hinweise zu Anbau und Pflege der einzelnen Pflanzen finden Sie ab Seite 72. Die Pflanzen bringen reichlich Farbe, Duft und Abwechslung in Beete und Töpfe und damit letztlich auch auf den Tisch.

PFEFFER & CO. – FRISCH GEMAHLEN IST AM BESTEN

- Beim Kauf von Gewürzen ist es empfehlenswert, ganze Samen beziehungsweise Körner oder Blätter zu bevorzugen. Auch wenn Sie zum Zerkleinern einen Mörser oder eine Gewürzmühle brauchen. Der Vorteil frisch gemahlener Gewürze liegt auf der Hand: Ihr Aroma ist unverfälscht und die notwendige Menge im Handumdrehen fertig.

- Gewürze nie auf Vorrat mahlen, das Aroma verflüchtigt sich rasch.

- Im Handel gibt es eine große Auswahl an Gewürzmühlen in verschiedenen Ausführungen (Metall, Kunststoff oder Holz) und Preislagen.

↑↑ **DAS AROMA INDIENS** Koriandersamen im Mörser zerreiben und in etwas Öl anrösten.

↑ **INGWERWURZEL** Ein frisch aufgebrühter Tee macht nicht nur fit, sondern hilft auch bei Reisekrankheit. Dazu zwei Tage vorher je zwei bis drei Tassen trinken.

→ **FLEXIBEL EINSETZBAR** Zitronengras (*Cymbopogon citratus*) ist in der Küche ebenso gefragt wie als Heilkraut. Man kann es auch im Topf heranziehen.

IM PORTRÄT

Die wichtigsten Kräuter

S

SYMBOLE

zu Wuchshöhe, Standort, Wasserbedarf und Erntemonat geleiten durch die Pflanzenbeschreibungen und geben eine schnelle Übersicht zu den jeweiligen Pflegeansprüchen:

$_{50}\!\Uparrow\!_{80}$ = Wuchshöhe in cm

= sonniger Standort

= halbschattiger Standort

= schattiger Standort

= geringer Wasserbedarf

= mittlerer Wasserbedarf

= hoher Wasserbedarf

$\dfrac{VII}{IX}$ = Erntemonat

→

DIE BESTEN SORTEN
Küchenkräuter, Heilkräuter
und Asiakräuter

DUFTNESSEL *(Agastache foeniculum)*

Aussehen: Mehrjährige Pflanze; aufrecht, buschig wachsend mit attraktiven Blütenähren. Gepunktete, nach Anis duftende, ovale Blätter. **Blüte:** Juni bis Oktober; je nach Art weiße, dunkel- oder blauviolette Lippenblüten. **Standort:** Durchlässige Erde; im Beet und großen Töpfen. **Pflege:** Bei anhaltender Trockenheit regelmäßig gießen, Staunässe vermeiden, da nicht ganz frosthart; in rauen Lagen Winterschutz notwendig. **Vermehrung:** Aussaat, Stecklinge. **Verwendung:** Kraut frisch oder getrocknet für Tee (minzeähnliches Aroma); feingehackte Blätter würzen Süßspeisen, Fisch und Salate. Als Heilpflanze: Tee wirkt antibakteriell und lindert Husten. Blütenstiele attraktiv für Sträuße und Gestecke. **Hinweis:** Nektarpflanze für Bienen, Schmetterlinge, Hummeln. **Weitere Arten:** Lemon-Aniskraut *(Agastache mexicana)*, Orangenduft-Aniskraut *(Agastache cana)*.

KNOBLAUCHSRAUKE *(Alliaria petiolata)*

Aussehen: Zweijährige Pflanze; aufrechtbuschig wachsend; leicht kantige Stängel, an deren Ende sich kleine Blüten bilden. Die aromatischen Blätter sind herzförmig und gezähnt. **Blüte:** April bis Juli; weiß. **Standort:** Unter Sträuchern und Bäumen; breitet sich stark aus. **Pflege:** Reichlich gießen, hin und wieder düngen. **Vermehrung:** Aussaat; samt sich häufig auch selbst aus. **Ernte:** Junge Blätter und Triebe, am besten vor der Blüte. **Verwendung:** Junge Blätter des Wildkrauts sind eine delikate Zugabe für Rohkostgerichte und Salate; intensives Knoblaucharoma. In der Pflanzenheilkunde gilt die Knoblauchsrauke als harntreibend, blutreinigend, schleimlösend und wird zur Wundheilung empfohlen; Stängel und Blätter für Heiltee trocknen. **Hinweis:** Lockt Bienen und Schmetterlinge an.

KNOBLAUCH *(Allium sativum)*

Aussehen: Aufrecht wachsend; schmale Laubblätter. Winterhart, bildet rundliche Knollen mit mehreren Zehen aus. **Blüte:** Juli bis August; rötlich weiße, doldenartige Blüten. **Standort:** Tiefgründiger, humusreicher, gut durchlässiger Boden. **Pflege:** Bei Trockenheit hin und wieder gießen und düngen; Boden unkrautfrei halten, ansonsten anspruchslos. **Vermehrung:** Brutzwiebeln oder unbeschädigte Knoblauchzehen im März/April oder August/September 3 bis 5 cm tief im Abstand von 20 cm in den Boden stecken. Wächst Knoblauch zweijährig, werden die Knollen größer. **Ernte:** Knollen aus der Erde nehmen, sobald die Blätter welken. Brutzwiebeln und junge Blätter nach Bedarf laufend. **Verwendung:** Zum Würzen deftiger Speisen und zum Aromatisieren von Öl. Als Heilpflanze: Gilt als natürliches Antibiotikum, als blutdruck- sowie cholesterinspiegelsenkend und fördert die Durchblutung.

SCHNITTLAUCH (Allium schoenoprasum)

Aussehen: Grüne bis bläuliche, röhrenförmige, hohle Blätter, die in Horsten wachsen; mehrjährig. **Blüte:** Juni bis August; lilafarbene, halbkugelige Blüten. **Standort:** In nährstoffreichem, kalkhaltigem und feuchtem Boden; sandig-lehmig. Gedeiht im Beet, Topf und Kasten. **Pflege:** Boden stets gut feucht halten. Pflanze alle zwei bis drei Jahre durch Wurzelstockteilung verjüngen. **Vermehrung:** Aussaat im März/April; Teilung der Pflanze im Frühjahr oder Herbst. **Ernte:** Im Freiland von Frühjahr bis Herbst (portionsweise bodennah abschneiden); im Topf auf der Fensterbank und im Gewächshaus ganzjährig. **Verwendung:** Würz- und Heilkraut; frisch und vor der Blüte verwenden. Durchs Kochen gehen Inhaltsstoffe verloren; wirkt appetitanregend. Schnittlauchblüten als essbare Deko verwendbar.

BÄRLAUCH (Allium ursinum)

Aussehen: Zwiebelgewächs mit langen, gestielten Blättern, die sich einzeln aus dem Boden schieben; an geeigneten Standorten bodendeckend. **Blüte:** April bis Mai; weiß, sternförmig. **Standort:** Unter Gehölzen; wild wachsend an Bachufern oder feuchten Laubwäldern. Im Garten an feuchten Stellen. **Pflege:** Während Trockenperioden gießen; nicht düngen. Nach der Blüte zieht Bärlauch bis ins nächste Frühjahr ein. Herbstlaub als Winterschutz liegen lassen. **Vermehrung:** Zwiebelteilung, Aussaat (etwas schwieriger). **Ernte:** Junge Blätter vor der Blüte. **Verwendung:** Frische Blätter (Knoblaucharoma) für Suppen, Soßen, Kräuterpaste und zum Einlegen in Essig und Öl. Als Heilpflanze: Das Wildkraut ist reich an Vitamin C, wirkt blutdrucksenkend und verdauungsfördernd. **Verwechslungsgefahr:** Bärlauchblätter ähneln den stark giftigen Maiglöckchen und Herbstzeitlosen!

ZITRONENVERBENE (Aloysia citrodora, syn. Lippia citriodora)

Aussehen: Aufrecht-buschig, schnell wachsender und äußerst frostempfindlicher Strauch mit länglich schmalen, intensiv nach Zitrone duftenden Blättern. **Blüte:** Ab Juli bis September; weiße bis blass fliederfarbene, aparte Rispenblüten. **Standort:** Windgeschützter Platz; am besten in einem geräumigen Kübel, in durchlässiger, humoser und nährstoffreicher Erde. **Pflege:** Stets gleichmäßig feucht halten und düngen. Regelmäßig in Form schneiden. Vor dem Überwintern im Keller, Schuppen oder Wintergarten bei ca. 5 °C um etwa ein Drittel zurückschneiden. Kleinere Exemplare können den Winter auch auf der Fensterbank verbringen. **Vermehrung:** Stecklinge, Aussaat. **Ernte:** Blätter und Blüten nach Bedarf. **Verwendung:** Frisch oder getrocknet als Teekraut; zum Aromatisieren von Süßspeisen; Ersatz von Zitronengras; gilt als stoffwechselanregend und beruhigend.

DILL (Anethum graveolens)
Aussehen: Aufrecht, buschig, mit fein gefiederten, aromatischen Blättern; einjährig. **Blüte:** Juni bis August; attraktive gelbe Blütendolden. **Standort:** Vollsonnig und windgeschützt; lockere, gut durchlässige und humose Erde. **Pflege:** Gleichmäßig gießen; mäßig düngen. **Vermehrung:** Aussaat ab April direkt ins Beet; Folgesaaten bis August möglich. **Ernte:** Triebe und Blüten können bereits fünf bis sechs Wochen nach der Aussaat und dann laufend geerntet werden; Blütendolden ebenfalls laufend; Früchte, wenn sie braun sind. **Verwendung:** Ideale Würze für Salate, Fisch, Soßen, zum Einlegen von Gurken und Aromatisieren von Essig. Ein Tee mit Dillkraut wirkt verdauungsfördernd; Dillsamen ist reich an ätherischen Ölen; Fruchtstände sind sehr dekorativ in Kräutersträußen.

GARTEN-KERBEL (Anthriscus cerefolium) **Aussehen:** Lockerer, aufrechter Wuchs; gefiederte Blätter; einjährig. **Blüte:** Mai bis August; weiße, kleine Blüten. **Standort:** Warm, jedoch nicht zu sonnig; besser halbschattig; in gut durchlässiger Erde im Beet, Kübel oder Balkonkasten. **Pflege:** Anspruchslos; gleichmäßig gießen, nur wenig düngen; auf Blattlausbefall achten. **Vermehrung:** Aussaat ab Ende März direkt ins Freie; Folgesaaten bis August. **Ernte:** Junge Triebe bzw. gefiederte Blätter vor der Blüte laufend schneiden. **Verwendung:** Frischer Kerbel eignet sich bestens zum Würzen von Eierspeisen, Salaten, Suppen und Kräutersoßen. Wichtige Zutat bei der berühmten Frankfurter Grünen Soße. Möglichst frisch verwenden, durchs Kochen verliert er an Aroma. Enthält Mineralstoffe, Vitamin C und ätherische Öle.

SCHNITT-SELLERIE (Apium graveolens var. secalinum) **Aussehen:** Buschig-aufrechter Wuchs, grüne fleischige Stiele und große, leicht gekräuselte, aromatische Blätter; wächst zweijährig. **Blüte:** Juli bis September im zweiten Jahr; gelblich-weiß. **Standort:** In nahrhaftem, lockerem und humosem Boden; schön im Kräuterbeet oder geräumigen Kübel. **Pflege:** Regelmäßig gießen und mit organischem Dünger versorgen; vor Spätfrösten schützen. **Vermehrung:** Aussaat im März/April unter Glas; Direktaussaat ab erster Maiwoche. **Ernte:** Junge Blätter ab April bzw. ab dem Austrieb. **Verwendung:** Aromatische Würze für Suppen, Soßen, Eintöpfe und Salate. Junge Selleriestiele können auch roh verzehrt werden. Sellerie ist reich an Vitaminen, Mineralstoffen und Kalium. Er wirkt kreislauf- und stoffwechselanregend und fördert die Entwässerung.

ESTRAGON *(Artemisia dra-cunculus)* **Aussehen:** Aufrecht-buschig, treibt schmale, spitze Blätter, mehrjährig. **Blüte:** August bis Oktober; unscheinbare, kleine, gelbe Blüten. **Standort:** In humusreicher, feuchter Erde an einem warmen und wind-geschützten Platz. **Pflege:** Die Wurzeln brauchen viel Sauerstoff, daher den Boden stets locker halten und gleichmäßig gießen; sparsam düngen. In rauen Lagen ist unbedingt Winterschutz er-forderlich. **Vermehrung:** Aussaat; Wurzelstockteilung im Früh-jahr, Stecklinge im Sommer. **Ernte:** Blätter und Triebspitzen vom Frühling bis in den Herbst hinein. **Verwendung:** Möglichst nur frisch; verfeinert Fischsoßen, Suppen, Salate und Fleischgerich-te; zum Einlegen in Essig und Öl. Als Heilpflanze: Estragon regt den Appetit an; fördert die Ver-dauung und wirkt harntreibend. **Art:** *Artemisia dracunculus* var. *sativa* (Französischer oder Deutscher Estragon).

GEWÖHNLICHER BEIFUSS *(Artemisia vulgaris)* **Aussehen:** Aufrecht-buschig wachsend mit reich verzweigten, graugrün ge-fiederten Blättern (Blattunterseite ist flaumig behaart); mehrjährig. **Blüte:** Juli bis September; un-scheinbare gelbe Blüten. **Stand-ort:** Trockener, durchlässiger, gerne sandiger Boden in direkter Sonne. **Pflege:** Regelmäßig gießen; im Frühjahr bodennaher Rückschnitt; anspruchslos. **Vermehrung:** Aussaat, Wurzel-stockteilung, Stecklinge. **Ernte:** Junge Blätter und Triebe vor der Blüte; Zweige mit Blütenknospen. **Verwendung:** Dank enthaltener Bitterstoffe ideal für fette Fleisch-gerichte und Eintöpfe; zum An-setzen von Kräuterschnaps. Gewöhnlicher Beifuß ist reich an ätherischen Ölen, Bitterstoffen und Tujon; er fördert die Verda-ung, wirkt entwässernd und regt den Appetit an.

GEWÖHNLICHES BARBA-RAKRAUT *(Barbarea vulgaris)* **Aussehen:** Zweijähriges, aufrecht wachsendes, Rosetten bildendes Küchenkraut mit dunkelgrünen, gelappten Blättern. **Blüte:** Mai bis Juli; goldgelb. **Standort:** Ideal ist ein Platz in feuchtem, lehmi-gem Boden; sehr schön im Bauerngarten, Staudenbeet und in geräumigen Kübeln. **Pflege:** Anspruchslos und pflegeleicht, lediglich gießen sollten Sie regel-mäßig. **Vermehrung:** Aussaat im Frühjahr oder Herbst; versamt sich häufig von selbst. **Ernte:** Jun-ge Blätter und Triebe; bei offenem Boden ganzjährig. **Verwendung:** Das etwas scharfe, an Kresse erinnernde Kraut würzt Salate und Butter; schmeckt auch lecker als Gemüse (ähnlich wie Spinat) in Butter gedünstet zubereitet. Als Heilpflanze: Reich an Senfölen und Vitamin C, die keimhemmend wirken.

BORRETSCH (Borago officinalis)
Aussehen: Aufrecht, buschig; rau behaarte und reich verzweigte Stängel; Blätter ebenfalls behaart. Bildet Pfahlwurzeln aus, lässt sich nur jung verpflanzen; einjährig. **Blüte:** Mai bis September, sternförmige Blüten in Blautönen oder Weiß. **Standort:** Warmer Platz; feuchter, gut durchlässiger Boden; im Beet und Topf. **Pflege:** An heißen Tagen kräftig gießen, sonst kommt es leicht zu Blattlausbefall; hin und wieder düngen. **Vermehrung:** Aussaat ab April ins Freiland; jung vereinzeln, d.h. im Abstand von ca. 50 cm versetzen; sät sich leicht selbst aus. **Ernte:** Junge, noch zarte Blätter (gurkenähnliches Aroma), Blüten. **Verwendung:** Frische, möglichst junge Blätter fein hacken und damit Eierspeisen, Quark oder Salate würzen; Blüten als essbare Deko für Salate, Desserts und Bowle.

ECHTER KÜMMEL (Carum carvi) **Aussehen:** Zweijährig wachsend; bildet im ersten Jahr lediglich eine Blattrosette, aus der dann im zweiten Jahr ein reich verzweigter, meterhoher Stängel mit attraktiven Blüten und fein gefiederten Blättern wächst. **Blüte:** Mai bis Juli; weiße Doldenblüten. **Standort:** In tiefgründiger, gleichmäßig feuchter Erde. Standortwechsel bei Neupflanzung. **Pflege:** Bei Trockenheit gießen und gelegentlich düngen. **Vermehrung:** Aussaat im März oder August. **Ernte:** Von Juni bis Oktober. Im ersten Jahr laufend junge Blätter und Triebspitzen; aromatische Samen im Juni/Juli des zweiten Jahres. **Verwendung:** Mit Blättern und Triebspitzen lassen sich Suppen, Salate und Gemüse würzen. Kümmelsamen eignet sich als Brotgewürz. Als Heilpflanze: Tee aus zerstoßenen Samen (reich an ätherischen Ölen) lindert Blähungen sowie Magen- und Darmprobleme.

GUTER HEINRICH (Chenopodium bonus-henricus) **Aussehen:** Mehrjährig wachsendes Wildkraut mit spinatähnlichen Blättern und kleinen Blüten. Das Kraut bildet ein rübenartiges Rhizom und eine Pfahlwurzel; es breitet sich rasch aus. **Blüte:** Juni bis August; grünlich. **Standort:** Gedeiht gut in tiefgründigen, sandigen sowie stickstoffhaltigen Gartenböden. **Pflege:** Regelmäßig düngen und gießen; auf Schädlingsbefall achten. **Vermehrung:** Aussaat, Wurzelstockteilung im Frühjahr. **Ernte:** Junge Blätter bis zur Blüte laufend; Blüten und Sprossen. **Verwendung:** Als Wildgemüse junge Blätter wie Spinat zubereiten; Sprossen wie Spargel, Kräutersuppe. Als Heilpflanze: Reich an Mineralstoffen, insbesondere Eisen und Vitamin C; gilt als blutreinigend und leicht abführend.

MEERFENCHEL (Crithmum maritimum) **Aussehen:** Kompakte, kugelige, gelegentlich auch etwas sparrig wachsende Liebhaberpflanze mit blaugrün gefiederten und fleischigen Blättern. **Blüte:** Juni, August; grünlich gelb. **Standort:** Am besten in gut durchlässigem und kalkhaltigem Boden. Gedeiht prima im Topf, in Trockenmauern und in Kräuterspiralen. **Pflege:** Sparsam gießen und gelegentlich mit etwas kalk- und salzhaltigem Dünger versorgen; im Winter mit Reisig abdecken. **Vermehrung:** Aussaat, Stecklinge, Wurzelstockteilung. **Ernte:** Blätter und Stängel ab Ende Mai den ganzen Sommer über. **Verwendung:** Gewürz- und Arzneipflanze; enthält ätherische Öle, Jod, Vitamin C und Mineralsalze. Am besten schmecken die Blätter, wenn man sie vier Wochen in Wein oder Weinessig einlegt; würzt Fischgerichte und Salate.

RUKOLA (Eruca sativa) **Aussehen:** Buschige Wuchsform mit leicht gezähnten, löwenzahnähnlichen Blättern; zweijährige Pflanze. **Blüte:** Mai bis September; gelb. **Standort:** In gut durchlässigem Boden. Kann den Winter über im Topf herangezogen werden. **Pflege:** Sparsam düngen (speichert gerne Stickstoff!); regelmäßig gießen, jedoch Staunässe vermeiden und den Boden möglichst locker halten. **Vermehrung:** Ganzjährige Aussaat möglich; Samen keimen rasch. Anzucht auch im Kübel und Kasten möglich. **Ernte:** Von Mai bis Oktober. Junge Blätter, je nach Witterung und Standort laufend; Samen im Herbst. **Verwendung:** Salatkombinationen, z. B. knackfrische Rukolablätter (ohne Stiele), Spaghetti und eine Handvoll Oliven. Reife Samen als Gewürz nutzen. Als Heilpflanze: Rukola ist reich an Vitamin A und Senfölglykosiden und kurbelt den Stoffwechsel an.

CURRYKRAUT (Helichrysum italicum) **Aussehen:** Ausladender, buschig wachsender, immergrüner Halbstrauch mit silbriggrauen, schmalen, nach Curry duftenden Blättern. **Blüte:** Juni bis August; gelb, kugelig. **Standort:** In gut durchlässiger, sandiger Erde. **Pflege:** Nach der Blüte in Form schneiden; nur wenig gießen. In rauen Lagen ist Winterschutz notwendig; am besten mit Reisig abdecken. **Vermehrung:** Stecklinge im Frühling und Sommer. **Ernte:** Junge Triebe vor der Blüte; für Dekozwecke blühende Zweige zum Trocknen aufhängen. **Verwendung:** Zum Würzen von Fleischgerichten (kurz mitkochen, dann Zweige entfernen); nur sparsam dosieren. Getrocknete Blüten und Blätter für Duftsäckchen und Potpourris; Blütenstiele und Kraut für Duftsträuße und Kräuterkränze.

LAVENDEL

ECHTER LAVENDEL (Lavandula angustifolia) **Aussehen:** Aufrechter, buschiger Wuchs; mit schmalen, lanzettlichen Blättern in Grau bis Silbergrau. Blüten bilden sich in Scheinähren an langen, steifen Stielen. **Blüte:** Juni bis August; violett, blauviolett, blau, dunkelblau, auch weiß oder rosa. **Standort:** Warmer Platz; in gut durchlässiger, leicht kalkhaltiger Erde. **Pflege:** Sparsam gießen, hin und wieder düngen. In rauen Lagen ist Winterschutz erforderlich. Nach der Blüte oder im Frühjahr zurückschneiden. **Vermehrung:** Aussaat im Frühjahr, Stecklingsvermehrung im Sommer. **Ernte:** Junge Triebe; offene Blüten. **Verwendung:** Zwei bis drei getrocknete Blüten mit Kräuteressig oder -öl ansetzen; Triebspitzen für Kräuterbutter oder Grillfleisch. Lavendel lässt sich wunderbar trocknen. Gut geeignet für Kräuterkissen, Duftsäckchen, Potpourris, Sträuße und Kränze. Als Heilpflanze: Regt den Stoffwechsel an, wirkt beruhigend, krampflösend und fördert den Schlaf.

1 *LAVENDEL* 'Hidcote Blue' (*Lavandula angustifolia* 'Hidcote Blue') **Besonderheit:** Langsam wachsend mit dunkelvioletten Blüten im Juli/August. Die Sorte eignet sich gut für kompakte Beeteinfassungen.

4 *LAVENDEL* 'Munstead' (*Lavandula angustifolia* 'Munstead') **Besonderheit:** Winterharte, kompakt wachsende Sorte mit blau-violetten Blüten bereits ab Juni.

5 *SCHOPF-LAVENDEL* (*Lavandula stoechas*) **Besonderheit:** Blütenköpfe mit Hochblättern am Schopf. Graugrünes Blattwerk mit interessanter Rosmarin-Duftnote; kompakter Wuchs.

6 *WOLLIGER LAVENDEL* (*Lavandula lanata*) **Besonderheit:** Weißfilzige Blätter und dunkel-violette Blüten. Da nicht frosthart, unbedingt im Topf halten!

7 *PORTUGAL-LAVENDEL* (*Lavandula multifida*) **Besonderheit:** Außergewöhnliche, kammartig gefiederte Blätter. Lange Blütezeit; interessanter, ysopähnlicher Duft.

2 *GRÜNER ZAHN-LAVENDEL* (*Lavandula dentata*) **Besonderheit:** Hellblaue Blüten (bereits ab Mai) und gezähnte hellgrüne Blätter. Da nicht frosthart, unbedingt im Topf halten!

3 *SPEICK-LAVENDEL* (*Lavandula latifolia*) **Besonderheit:** Äußerst aromatische Art mit langen, blauen Blütenständen (vor dem Öffnen schneiden); Winterschutz unbedingt notwendig.

8 *LAVENDEL* 'Nana Alba' (*Lavandula angustifolia* 'Nana Alba') **Besonderheit:** Niedrig wachsende Sorte (ca. 20 cm hoch) mit weißen Blüten; reichblühend und mit graugrünem Laub; ältere Triebe verholzen.

GARTEN-KRESSE (Lepidium sativum) **Aussehen:** Aufrechter, krautiger Wuchs; Blätter eiförmig, länglich und gefiedert; bildet kahle Stängel aus, die sich nach oben hin verzweigen; einjährig. **Blüte:** Mai bis November; weiß bis rosa. **Standort:** Gedeiht in jedem Gartenboden, in Anzuchtschalen sowie in Töpfen gleichermaßen gut. **Pflege:** Stets gleichmäßig feucht halten; ansonsten anspruchslos. **Vermehrung:** Aussaat, ganzjährig auf der Fensterbank; ab Ende März im Freien (nur leicht mit Erde bedecken); laufend nachsäen. **Ernte:** Frische Keimlinge und Blätter; sobald sie etwa 10 cm hoch sind, mit einem scharfen Messer knapp über der Erde abschneiden. Ältere und blühende Kresse schmeckt etwas bitter. **Verwendung:** Frisch; passt gut zu Salaten, Eierspeisen, in Quark und Kräuterbutter oder als Belag für ein Vollkornsandwich. Schmeckt pfeffrig-scharf; reich an Vitamin C. Als Heilpflanze: Kresse regt den Stoffwechsel an und gilt als pflanzliches Antibiotikum.

LIEBSTÖCKEL (Levisticum officinale) **Aussehen:** Buschiger, aufrechter Wuchs; horstbildend mit tiefgreifender Wurzel; Stängel hohl; Blätter geteilt und etwas hart; mehrjährig. **Blüte:** Juli bis August; blassgelb. **Standort:** In tiefgründiger, nährstoffreicher Erde; Pflanze beansprucht viel Platz. **Pflege:** Stets gleichmäßig feucht halten; im Herbst mit Kompost düngen und zurückschneiden. Pflanze nach Bedarf stützen (wird sehr hoch!). **Vermehrung:** Aussaat im Frühjahr; Wurzelstockteilung im Frühjahr oder Herbst. **Ernte:** Von Mai bis Oktober. Frische Blätter laufend; Samen und Wurzeln im Herbst des zweiten Jahres. **Verwendung:** Liebstöckel würzt vor allem Suppen und Eintöpfe (Blätter werden mitgekocht); junge, zarte Blätter können Sie an Rohkostsalate geben. Wurzeln werden häufig in Schnaps angesetzt. Als Heilpflanze: harntreibend und verdauungsfördernd.

ZITRONENMELISSE (Melissa officinalis) **Aussehen:** Dicht, buschig und aufrecht wachsendes Kraut mit verzweigten, behaarten Stängeln. Blätter gezähnt und nach Zitrone duftend; mehrjährig. **Blüte:** Juni bis August; rosaweiße Lippenblüten in den Blattachseln. **Standort:** Humusreicher, durchlässiger Boden. **Pflege:** Regelmäßig gießen, mäßig düngen; wuchert gerne, deshalb Pflanze im Sommer ein bis zwei Mal bodennah zurückschneiden. **Vermehrung:** Aussaat im Frühjahr; Wurzelstockteilung im Frühjahr oder Herbst. **Ernte:** Von April bis Oktober. Junge Blätter und Triebe laufend vor der Blüte, lassen sich gut trocknen. **Verwendung:** Zum Verfeinern von Salaten, Desserts, Tees. Als Heilpflanze: Bewährt bei Lippenbläschen, dazu frisches Blatt zerreiben, Saft auftupfen. Melissengeist hilft hingegen bei Magenproblemen.

BÄRWURZ *(Meum athamanticum)* **Aussehen:** Buschiger, aufrechter Wuchs; horstbildend; fein gefiederte, aromatische Blätter; mehrjährig. **Blüte:** Mai bis August; attraktive weiße Doldenblüten. **Standort:** In sandig-lehmigen Böden; feucht, aber gut durchlässig; gedeiht auch in großen Gefäßen. Pflanze darf nicht austrocknen. Gelegentlich wild wachsend auf Feuchtwiesen zu finden. **Pflege:** Stets gut feucht halten; trocknet schnell aus. **Vermehrung:** Aussaat (anspruchsvoll) oder Wurzelteilung im Frühjahr. **Ernte:** Junge Blätter (gleichen Dill) je nach Lage ab Mai bis August, Samen und Wurzeln im Herbst. **Verwendung:** Vor allem junge Blätter, aber auch Samen und Wurzelstücke (frisch oder getrocknet); Würz-, Tee- und Heilkraut; würzt vorzüglich Suppen, Kräutersoßen, Quark, Gemüse und Fischgerichte. Als Heilpflanze: Besitzt herz- und magenstärkende Eigenschaften.

GOLDMELISSE *(Monarda didyma)* **Aussehen:** Aufrecht und buschig wachsend; horstbildend mit kantigen Stängeln; spitze, leicht gezähnte Blätter; mehrjährig. **Blüte:** Juni bis Oktober; Etagen bildend; duftend; rosa, rot, weiß, lila. **Standort:** In nährstoffreicher, durchlässiger Erde; im Beet oder geräumigen Kübel. **Pflege:** Regelmäßig gießen; auf Mehltaubefall achten; im Spätherbst nach der Blüte oder im Frühling bodennah abschneiden; Pflanze durch Wurzelstockteilung nach ungefähr drei Jahren verjüngen. **Vermehrung:** Aussaat, Wurzelstockteilung. **Ernte:** Blätter und Blüten, können getrocknet werden. **Verwendung:** Blütenblätter und Blätter verfeinern Bowlen, Milchgetränke, schwarzen Tee sowie Obstsalate. Als Heil- und Teekraut: schleimlösend, verdauungsfördernd und fiebersenkend. **Weitere Arten:** Rosen-Monarde *(Monarda fistulosa × tetraploid)*; Zitronen-Monarde *(Monarda citriodora)*.

SÜSSDOLDE *(Myrrhis odorata)* **Aussehen:** Frostharte Staude mit farnähnlichen, großen Blättern und samenbildenden Blüten; lockerer, buschiger Wuchs. **Blüte:** Mai bis Juni; weiß. **Standort:** In humusreicher, durchlässiger Erde. **Pflege:** Gleichmäßig gießen, hin und wieder düngen, ansonsten pflegeleicht. Breitet sich stark aus, daher im Herbst den Wurzelstock verkleinern. **Vermehrung:** Aussaat; Wurzelstockteilung im Frühjahr oder Herbst. **Ernte:** Junge Blätter laufend bis in den Spätsommer; Wurzeln ab Mitte September; Samen grün ernten und zum Trocknen auslegen. **Verwendung:** Frische Blätter und Wurzelstücke (Anis-Geschmack) würzen Suppen, Gemüse und Eintöpfe. Samen süßen Fruchtsalate und Müsli. Als Heilpflanze: Ein Tee aus den Blättern empfiehlt sich bei Husten und leichten Verdauungsbeschwerden. **Hinweis:** Nektarpflanze für Bienen, Hummeln und Schmetterlinge.

MINZEN

PFEFFERMINZE (Mentha × piperita)
Aussehen: Mehrjährige, krautige, dicht-buschige Pflanze mit gestielten, langen, schmalen und gesägten, grünpurpurnen Blättern und purpurfarbenem Stängel. **Blüte:** Juli bis August; bläulich lila bis rosa blühende Scheinähren. **Standort:** In lockerem, möglichst humusreichem oder lehmigem Boden. **Pflege:** Regel-mäßig gießen und düngen; Pfefferminze wuchert, daher ist eine Wurzelsperre empfehlenswert. Alternative: Geräumigen Eimer (Wasserabzugslöcher hineinbohren) ins Beet einbuddeln und bepflanzen. Spätestens nach drei Jahren Bestand er-neuern. **Vermehrung:** Aussaat; Stecklinge im Frühjahr; Wurzelteilung im Herbst oder Frühjahr. **Ernte:** Junge Blätter und Triebspitzen laufend; zum Trocknen vor der Blüte bodennah abschneiden. **Ver-wendung:** Blätter aromatisieren Konfitü-ren, Liköre und Gemüse. Als Heilpflanze: Bei Magen- und Darmbeschwerden, enthält Menthol, Bitter- und Gerbstoffe.

1 *CERVINA-MINZE (Mentha cervina)* **Besonderheit:** Attrak-tive rosa-lilafarbene Blüte; sehr interessante, spitze Blätter; nicht wuchernd. Zum Verzehr nur bedingt geeignet.

2 *SAMT-MINZE (Mentha dumetorum)* **Besonderheit:** Aufrecht und stark wachsend; hellviolette Blüten nur bedingt frosthart. Für Tees und frische Speisen.

3 *GRÜNE MINZE (Mentha spicata)* **Besonderheit:** Duftet und blüht ähnlich wie die Pfefferminze; wird zur Kaugummiherstellung verwendet; attraktive Blüten ab Juli.

4 *KRAUSE MINZE (Mentha × piperita* 'Crispula'*)* **Besonderheit:** Gedrungener Wuchs, länglicher Blütenstand, Blattränder geschlitzt. Besitzt keinen typischen Minzgeruch.

5 *KÄRNTNER-MINZE (Mentha austriaca)* **Besonderheit:** Intensives Minzaroma, wunderbares Teekraut; Nektarpflanze für Bienen, Hummeln und Schmetterlinge; stark wachsend.

6 *APFEL-MINZE (Mentha suaveolens* 'Variegata'*)* **Besonderheit:** Dekorative grünweiß panaschierte Blätter; schön zur Bepflanzung von Schalen und Töpfen; Schnittgrün für Sträuße.

7 *BERNSTEIN-MINZE (Mentha spec.* 'Jokka'*)* **Besonderheit:** Kleine, silbrighellrosa Blütenrispen und sattgrüne Blätter; herb würzig im Geschmack. Gut haltbar in Sträußen.

8 *BELGISCHE MINZE (Mentha spec.* 'Ouwencelli'*)* **Besonderheit:** Blätter samtig, relativ dunkel und sehr aromatisch. Wird zum Verfeinern von Schokolade verwendet.

BASILIKUM

BASILIKUM *(Ocimum basilicum)*
Aussehen: Reich verzweigtes Würzkraut. Die Blätter variieren in Form und Farbe je nach Art und Sorte. Es gibt einjährig und ausdauernd wachsende Arten. **Blüte:** Juli bis September; weiß bis rosapurpurn. **Standort:** Sonnig (jedoch ohne direkte Mittagssonne) und windgeschützt; gut durchlässiger und frischer Boden. **Pflege:** Gleichmäßig gießen, am besten morgens; Triebspitzen regelmäßig abkneifen, dann wächst das Würzkraut schön buschig. An Regentagen auf Schneckenbefall achten, bei Bedarf unbedingt regelmäßig absammeln, denn Basilikum ist für Nacktschnecken ein wahrer Leckerbissen. **Vermehrung:** Aussaat im Frühjahr unter Glas, ab Ende Mai direkt ins Beet; Stecklinge mehrjähriger Arten im Sommer. **Ernte:** Blätter und Triebspitzen laufend; Ausnahme: während der Blütezeit. **Verwendung:** Basilikum nur frisch verwenden, durch Erhitzen verliert es sein Aroma, auch beim Trocknen bleibt nicht viel übrig.

1 *TULSI* (Ocimum sanctum)
Besonderheit: Stark würziger Blattduft, der ein wenig an Gewürznelken, Zimt und Weihrauch erinnert. Einjährige Duft- und Gewürzpflanze.

2 *FEINBLÄTTRIGES BASILIKUM* (Ocimum basilicum 'Baristo® Greco') Besonderheit: Kompakter Wuchs, sehr kleine Blätter und ein wunderbares Basilikumaroma zeichnen die Sorte aus.

3 *STRAUCH-BASILIKUM* 'African Blue' (Ocimum kilimandscharicum × basilicum purpurascens) Besonderheit: Intensives Aroma, superschöne rote Blattadern und Blüten; mehrjährig wachsend.

4 *GENOVESER BASILIKUM* 'Thai' (Ocimum basilicum 'Thai') Besonderheit: Küchenkraut mit Lakritzaroma. Treibt hübsche rote Blüten. Dankbare Kübelpflanze (nicht frosthart!).

5 *DUNKELROTES BASILIKUM* (Ocimum basilicum 'Osmin') Besonderheit: Kompakter Wuchs; durch und durch purpurrot gefärbt, gezähnte Blätter; gut zum Würzen geeignet; hoher Zierwert.

6 *LEMON-BASILIKUM* (Ocimum americanum) Besonderheit: Blätter verströmen einen intensiven Limonenduft; lecker in Süßspeisen und Bowlen; ideal für Duftpotpourris.

7 *ZIMT-BASILIKUM* (Ocimum basilicum 'Cinnamomum') Besonderheit: Dekorative, rot überlaufene Blüten mit rosa Lippenblütchen. Blätter verströmen einen wohltuenden Zimtduft.

8 *GENOVESER BASILIKUM* 'Special Select' (Ocimum basilicum 'Special Select') Besonderheit: Einjähriges, großblättriges, sehr aromatisches Würzkraut. Aufrecht und buschig wachsend.

BRUNNENKRESSE *(Nasturtium officinale)* **Aussehen:** Kriechendes, winterhartes Kraut mit rundlichen, gefiederten Blättern. **Blüte:** Mai bis September; kleine, weiße Doldenblüten. **Standort:** Ideal sind feuchte Böden oder Teichrand. Brunnenkresse liebt es, ständig im Wasser zu stehen; wild wachsend in fließenden Gewässern. **Pflege:** Wurzeln sollten stets im Wasser stehen; nicht düngen. Regelmäßiger Rückschnitt fördert buschigen Wuchs. **Vermehrung:** Aussaat, dabei Samen stets nass halten. **Ernte:** Junge Triebe und Blätter vor der Blüte. **Verwendung:** Brunnenkresseblätter sind besonders reich an Vitamin C, Jod und Eisen. Sie schmecken angenehm scharf und lecker an Salaten, in Kräutersuppen und -soßen. Nicht täglich oder in hohen Mengen konsumieren, sonst kann es zu Magenbeschwerden kommen.

GEWÖHNLICHE KATZEN-MINZE *(Nepeta cataria)* **Aussehen:** In der Regel aufrecht wachsend (unterschiedliche Wuchsformen, je nach Sorte); vierkantige, behaarte Stängel; gezähnte, graugrüne, bei Berührung intensiv duftende, eiförmige Blätter, die filzig behaart sind; mehrjährig. **Blüte:** Ende Mai bis September; weißrosa, reich blühend. **Standort:** Wärmeliebend; bevorzugt sandigen, gut durchlässigen Boden. **Pflege:** Rückschnitt nach der Blüte (treibt rasch wieder aus) und im Frühjahr; ansonsten anspruchslos. **Vermehrung:** Aussaat im Frühjahr; Wurzelstockteilung im Herbst. **Ernte:** Junge Blätter, knospige Triebe, Blütenstiele. **Verwendung:** Passt in Duftpotpourris, Kräuterkissen (intensiver Zitronen-Pfefferminz-Duft), Blumensträuße. Als Heilpflanze: fiebersenkende, schweißbildende und beruhigende Wirkung.

ECHTER MAJORAN *(Origanum majorana)* **Aussehen:** Buschig, mit aromatischen Blättern und Blüten; ein- und zweijährig. **Blüte:** Juni bis September; klein; weiß oder lilafarben. **Standort:** In durchlässiger, leicht sandiger und nährstoffreicher Erde. Jährlicher Standortwechsel ist empfehlenswert. **Pflege:** Regelmäßig düngen, sparsam gießen, Staunässe vermeiden. **Vermehrung:** Aussaat im Frühjahr; Stecklinge. **Ernte:** Blätter und Triebe laufend, lassen sich gut trocknen. Während der Blüte ist die Würzkraft besonders intensiv. **Verwendung:** Würzkraut für deftige Fleischgerichte, Aufläufe und Eintöpfe. Ätherische Öle regen die Verdauung an. Majoran eignet sich auch für Tee und zum Befüllen von Kräuterkissen.

GRIECHISCHER OREGANO
(Origanum vulgare ssp. *hirtum;* syn. *Origanum heracleoticum)*

Aussehen: Aufrecht und buschig wachsende Gewürzpflanze mit eiförmigen, mittelgrünen und etwas behaarten Blättern. **Blüte:** Juni bis September; weiß. **Standort:** In gut durchlässigem, sandiglehmigem Boden. **Pflege:** Regelmäßig gießen (Staunässe wird jedoch nicht vertragen!); hin und wieder etwas düngen. Rückschnitt nach dem Austrieb im Frühjahr; in rauen Lagen Winterschutz empfehlenswert. Wird gerne von Echtem Mehltau befallen, ggf. starker Rückschnitt erforderlich. **Vermehrung:** Aussaat im zeitigen Frühjahr; Stecklinge vor der Blüte. **Ernte:** Frische Blätter und Triebspitzen im Sommer laufend, zum Trocknen erst Ende August/Anfang September. **Verwendung:** Ideal zum Würzen von Pizzen, Bohnen-, Tomaten- und Kartoffelgerichten. Als Heilpflanze: Tee bei Appetitlosigkeit, Magen- und Darmbeschwerden.

PETERSILIE *(Petroselinum crispum)*
Aussehen: Buschiger Wuchs; mit dunkelgrünen, gefiederten, glatten oder gekrausten Blättern; zweijährig. **Blüte:** Juli bis August; unscheinbare gelbgrüne Blütendolden (im zweiten Jahr). **Standort:** In tiefgründigem, humusreichem, feuchtem Boden. Beet bei Neupflanzung wechseln, da Pflanze mit sich selbst unverträglich ist. **Pflege:** Relativ anspruchslos; regelmäßig gießen. **Vermehrung:** Aussaat ab März, bis spätestens Juli, direkt ins Beet. **Ernte:** Blätter nach Bedarf schneiden; Herzblätter (Pflanzenmitte) stehen lassen, dann treibt die Pflanze immer wieder neu aus. **Verwendung:** Klassische Würze für Gemüse, Suppen, Quarkspeisen und Salate; kann auch mitgekocht werden; reich an Vitamin A und C.

ANIS *(Pimpinella anisum)*
Aussehen: Aufrechter Wuchs mit rundlichen, gezähnten und gefiederten Blättern; einjährig. **Blüte:** Juli/August; weiße Doldenblüten, aus denen sich aromatische Samen entwickeln. **Standort:** Windgeschützt; in warmem, lockerem, gut durchlässigem, leicht kalkhaltigem Boden. **Pflege:** Sparsam gießen und düngen; ansonsten pflegeleicht. **Vermehrung:** Aussaat im Frühjahr. **Ernte:** Junge, frische Blätter ab Juni bis Oktober laufend; Samen, wenn sie braun sind (je nach Lage im September oder Oktober). **Verwendung:** Mit Anis lassen sich Süßspeisen, Gebäck und Soßen aromatisieren. Er ist Bestandteil vieler Spirituosen, z. B. von Pastis, Ouzo und Raki. In erster Linie werden Anissamen verwendet. Als Heilpflanze: Anisfrüchte sind reich an ätherischen Ölen (Wirkung: antibakteriell, schleimlösend). Anis-Tee lindert Blähungen.

DUFT-PELARGONIEN

DUFT-PELARGONIE, DUFTBLATTGERANIE (Pelargonium capitatum, Pelargonium × citriodorum etc.) **Aussehen:** So zahlreich wie die Arten- und Sorten-Vielfalt, so unterschiedlich ist auch ihr Erscheinungsbild. **Blüte:** Je nach Art von Mai bis September, in unterschiedlichen Farben (Bild: 'Atomic Snowflake') **Standort:** Gut durchlässige, leicht sandige, nährstoffreiche Erde. Da die Pflanzen nicht winterhart sind, am besten im Kübel halten. **Pflege:** Regelmäßig gießen, Staunässe vermeiden; Pflanzgefäß mit Blähton auspolstern und für einen guten Wasserabzug sorgen. Hell, jedoch nicht zu warm überwintern. Für buschigen Wuchs im Herbst oder Frühjahr in Form schneiden. **Vermehrung:** Stecklinge ganzjährig. **Ernte:** Frische Blätter, ganzjährig. **Verwendung:** Das intensive Blattaroma lässt sich für Desserts, Kuchen, Bowlen und Tees nutzen. Die Blätter werden allerdings nicht mitgegessen, sondern nach der Zubereitung wieder entfernt.

1 *DUFT-GERANIE* 'Prince of Orange' (*Pelargonium × citriodorum* 'Prince of Orange') **Besonderheit:** Sehr attraktive Pflanze mit großen Einzelblüten. Die Blätter duften intensiv nach Orangen; im Kübel halten.

2 *ROSENDUFT-GERANIE* 'Attar of Roses' (*Pelargonium capitatum* 'Attar of Roses') **Besonderheit:** Kleine, rosafarbene Blüten und rosenähnlicher Blattduft; ideal für Duftsäckchen.

3 *DUFT-GERANIE (Pelargonium fructicosum)* **Besonderheit:** Aparte Blüten in Weiß oder Rosa mit magentafarbener Zeichnung; dreigeteilte, fleischige Blätter mit angenehmem, würzigem Duft.

4 *EICHENLAUB-PELARGONIE (Pelargonium quercifolium 'Royal Oak')* **Besonderheit:** Dekoratives, gelapptes Blattwerk mit herbwürzigem Duft; kleine hübsche Blüten ab Mai bis September; wehrt Mücken ab.

5 *DUFT-GERANIE* 'Queen of Lemons' *(Pelargonium crispum* 'Queen of Lemons') **Besonderheit:** Wunderschöne 1,5 bis 2 cm kleine Blüten; Blätter verströmen einen intensiven Zitronenduft; mehrjährig; frostfrei überwintern.

6 *DUFT-GERANIE (Pelargonium graveolens)* **Besonderheit:** Typisch für die Wildform sind der Rosenduft, der je nach Sorte von zitronig bis minzig reicht, und die tief gelappten Blätter.

7 *APFELDUFT-PELARGONIE (Pelargonium odoratissimum)* **Besonderheit:** Die rundlichen, samtigen Blätter duften herrlich nach frischen Äpfeln; kriechende Wuchsform, daher ideal für Ampelbepflanzung.

8 *MUSKATNUSS-GERANIE (Pelargonium fragrans)* **Besonderheit:** Zierliche Pflanze (wird nicht höher als 20 cm) mit graugrünen, sehr würzigen Blättern. Eignet sich hervorragend zur Ampelbepflanzung.

89

PORTULAK *(Portulaca oleracea)*
Aussehen: Buschiger, niederliegender Wuchs; mit sukkulenten, löffelförmigen, glänzenden Blättern und rötlichen Stängeln; einjährig. **Blüte:** Juni bis September; gelb. **Standort:** Windgeschützt stellen; gut durchlässiger, sandiger Boden. **Pflege:** Regelmäßig gießen und sparsam düngen. Durch zeitiges Entspitzen bekommt das Kraut einen buschigen Wuchs. **Vermehrung:** Aussaat ins Freiland ab Mai oder im Frühjahr vorziehen. **Ernte:** Junge Blätter und Triebe vor der Blüte laufend. **Verwendung:** Die fleischigen Blätter und auch die Triebe schmecken etwas nussig und passen hervorragend in Quarkspeisen, Salate und lassen sich für Kräutersuppen sowie Gemüsegerichte nutzen. Als Heilpflanze: Portulak regt den Stoffwechsel an und gilt als blutreinigend. Er ist reich an Omega-3-Fettsäuren, Vitamin C, Spurenelementen und Mineralstoffen.

ROSMARIN *(Rosmarinus officinalis)* **Aussehen:** Immergrüner, buschiger Strauch; grüne bis weißfilzige, nadelartige Blätter. **Blüte:** März bis Juni, Nachblüte im Spätsommer; Rosa- und Blautöne. **Standort:** Geschützter Platz, in lockerem, sandigem, durchlässigem Boden. In rauen Lagen besser in Töpfen halten, da die meisten Sorten nicht frosthart sind. **Pflege:** Sparsam gießen, Staunässe vermeiden; nur wenig düngen; öfter mal zurückschneiden. Im Topf hell und kühl überwintern; im Beet Winterschutz notwendig. **Vermehrung:** Stecklinge im Sommer. **Ernte:** Blätter, ganzjährig. **Verwendung:** Würzt Fleisch, Fisch, Gemüse und ist vor allem in der mediterranen Küche gefragt. Er lässt sich prima trocknen für Sträuße, Gestecke, Potpourris und Kräuterkissen. Als Heilpflanze: Wirkt appetitanregend, stärkt Nerven und Kreislauf (sparsam dosieren).

GROSSER SAUERAMPFER
(Rumex acetosa) **Aussehen:** Buschiger Wuchs mit aufrechten, kantigen Stängeln und grünen, breiten Blättern, mehrjährig. **Blüte:** Mai bis Juli; rötlich bis blassgrün. **Standort:** Kommt in nahezu jeder Lage zurecht; feuchte, gut durchlässige Komposterde verwenden. **Pflege:** Regelmäßig gießen, düngen und auf Schneckenbefall hin überprüfen, besonders bei feuchter Witterung. **Vermehrung:** Aussaat von März bis August. **Ernte:** Junge Blätter und Sprossspitzen. **Verwendung:** Sauerampfer wie Spinat zubereiten; passt gut in grüne Soßen, in Kräuterbutter und zu Salaten. Das Wildgemüse ist reich an Vitamin C, Eisen und Oxalsäure. Letztere wird in großen Mengen nur schlecht vertragen und kann die Nieren angreifen, deshalb Sauerampfer nicht täglich oder in großen Mengen verzehren. Das Kraut wirkt blutreinigend und entschlackend. **Weitere Art:** Blut-Ampfer *(Rumex sanguineus)*.

KLEINER WIESENKNOPF

(Sanguisorba minor) **Aussehen:** Krautige, aufrecht wachsende und horstbildende, mehrjährige Pflanze mit mittelgrünen, eiförmigen Fiederblättern. Auf langen, dünnen Stielen bilden sich bezaubernde kleine Blütenköpfchen. **Blüte:** Mai bis August; purpurrot. **Standort:** In sandighumoser, etwas kalkhaltiger und leicht feuchter Erde. **Pflege:** Regelmäßig gießen und düngen; falls viel Blattwerk erwünscht, Blütenstände vor dem Aufblühen zurückschneiden. **Vermehrung:** Aussaat im Frühling. **Ernte:** Frische Blätter und junge Triebe. **Verwendung:** Blätter schmecken nussartig, würzen Kräutersoßen, -butter, Quark, Eierspeisen, Gemüse und Suppen; sie sind reich an Vitamin C und wirken appetitanregend. Als Heilpflanze: Tee hilft bei Entzündungen im Mund und Rachen, wirkt stärkend und harntreibend.

SOMMER-BOHNENKRAUT

(Satureja hortensis) **Aussehen:** Buschiger, stark verzweigter Wuchs, mit schmalen, würzigen, lanzettlichen Blättern; einjährige Art. **Blüte:** Juli bis Oktober; kleine weiße bis hellviolette Lippenblüten. **Standort:** Warm, in durchlässiger Erde. Ideal auch für Topfkultur und Steingärten. **Pflege:** Pflegeleicht; mäßig gießen, aber nie austrocknen lassen und nur wenig düngen; auf Rostbefall achten. **Vermehrung:** Aussaat im Frühjahr. **Ernte:** Junge Blätter und Triebspitzen laufend; höchste Würzkraft unmittelbar beim Aufblühen. **Verwendung:** Aufgrund des pfeffrigen Aromas wird Sommer-Bohnenkraut oft auch Pfefferkraut genannt und als Salzersatz verwendet. Es verfeinert Bohnengerichte, Eintöpfe, grüne Salate, Quarkspeisen, Fleisch und Fisch. Als Heilpflanze: Tee fördert die Verdauung und ist hilfreich bei Blähungen.

WINTER-BOHNENKRAUT

(Satureja montana ssp. *montana)* **Aussehen:** Buschiger Halbstrauch. **Blüte:** August bis Oktober; kleine, intensiv duftende rosafarbene bis violette Blüten. **Standort:** Durchlässige, sandige Erde; mäßig trocken, gerne auch leicht kalkhaltig. **Pflege:** Im Frühjahr düngen und Pflanze in Form schneiden. **Vermehrung:** Aussaat im zeitigen Frühjahr; Stecklinge im Sommer; Absenker. **Ernte:** Junge Triebe rund ums Jahr (außer bei Frost); Haupternte unmittelbar vor und während der Blüte. Lässt sich gut trocknen. **Verwendung:** Küchen- und Heilkraut; wirkt appetitanregend und verdauungsfördernd. Aromatischer als Sommer-Bohnenkraut; erinnert ein wenig an Thymian. Würzt Lammfleisch, Bohnen- und deftige Kartoffelgerichte. **Weitere Arten:** Zitronen-Bohnenkraut *(Satureja montana* var. *citriodora)* ideal für heiße Plätze und magere Böden. Kriechendes Berg-Bohnenkraut *(Satureja spicigera)* ideal für Steingärten, flache Schalen und Balkonkästen.

SALBEI

ECHTER SALBEI (Salvia offici-nalis) **Aussehen:** Immergrüner, verholzender Halbstrauch, mit weißfilzig behaarten, eiförmigen und graugrünen Blättern. Sie sind lanzettlich und bis 5 cm breit. **Blüte:** Juni bis August; in der Regel violett, gelegentlich auch rosa und bläulich. **Standort:** In trockenem, kalkhaltigem, gut durchlässigem und nährstoffreichem Boden, in windgeschützter Lage. **Pflege:** Boden unkrautfrei halten, während Trockenperioden wässern, Staunässe vermeiden. In kalten Lagen Ende Oktober anhäufeln und durch Reisigabdeckung schützen. **Vermehrung:** Aussaat im Frühjahr; Stecklingsvermehrung im Sommer. **Ernte:** Frische Blätter und junge Triebspitzen laufend. Haupternte unmittelbar vor der Blüte. **Verwendung:** Lässt sich gut trocknen, einfrieren oder in Öl einlegen. Er würzt (sparsam dosieren!) Fleisch, Fisch, Tomatensoßen, Gemüse und Kräuterbutter. Als Heilpflanze: Entzündungshemmend (Tee gurgeln gegen Halsschmerzen) und magenstärkend (Tee).

1 *PERUANISCHER-SALBEI (Salvia discolor)* **Besonderheit:** Skurrile Wuchsform mit weißfilzigen Blättern, tiefvioletten Blüten, klebrigen Stängeln und aromatischen Blättern; nicht frosthart.

2 *FRUCHT-SALBEI (Salvia dorisiana)* **Besonderheit:** Fruchtiger Blattduft, der wunderbar zu Süßspeisen passt. Frostempfindlich, daher im Kübel und ab Herbst im hellen Wintergarten halten.

3 ROTWURZEL-SALBEI
(*Salvia miltiorrhiza*) **Besonderheit:**
Chinesischer Salbei; aufrecht
wachsend; dekorative blauviolette
Blüten; aromatisches Kraut für
Topf und Kübel; ideal für Teemi-
schungen; frosthart.

4 HONIGMELONEN-SALBEI
(*Salvia elegans* 'Honey Melon')
Besonderheit: Blätter haben me-
lonenartiges Aroma; leuchtend
rote Blüten. Frostempfindlich,
daher im Kübel kultivieren; für
Tees und Desserts verwendbar.

5 KRAUSER SALBEI (*Salvia
officinalis* 'Crispa') **Besonderheit:**
Außergewöhnlicher Garten-Salbei
mit flaumigen, gekrausten Blättern. Würzpflanze mit buschigem
Wuchs; mehrjährig.

6 SALBEI 'Icterina' (*Salvia
officinalis* 'Icterina') **Besonderheit:** Frostharte Sorte mit
grüngelb panaschierten Blättern,
treibt blauviolette Blüten.

7 SALBEI (*Salvia officinalis*
'Kew Gold') **Besonderheit:**
Goldgelbe, teilweise grün ge-
fleckte Blätter; hellblaue Blüten
im Sommer; schön im Beet
oder Kübel.

8 ROTBLÄTTRIGER SALBEI
(*Salvia officinalis* 'Purpurascens')
Besonderheit: Auslese mit vio-
lettfarbenen, intensiv duftenden
Blättern und blauen Blütenstielen.
Beliebte Würzpflanze; mehr-
jährig.

TRIPMADAM *(Sedum reflexum)*
Aussehen: Flach wachsendes bis kriechendes Dickblattgewächs mit immergrünen langen Trieben und fleischigen, blaugrauen, spitzen Blättern; mehrjährig.
Blüte: Juni bis August; attraktiv, goldgelb. **Standort:** Warmer Platz; trockene, steinige oder sandige Böden sind ideal. Geeignet für Trockenmauern, Dachbegrünung, Steingärten, Kübel. **Pflege:** Anspruchslos; lediglich Staunässe wird nicht vertragen. **Vermehrung:** Triebspitzen abschneiden und in steinige Erde stecken.
Ernte: Die blaugrünen Triebspitzen bzw. Blätter können ganzjährig geerntet werden. **Verwendung:** Frische Triebe schmecken erfrischend säuerlich. Sie würzen (sparsam dosieren!) Rohkostsalate, Remouladensoße, Kräutersuppen, -butter und -quark. Als Heilpflanze: Das sukkulente Kraut enthält Schleim- und Gerbstoffe und gilt als blutdrucksenkend.

PARAGUAY-STEVIE *(Stevia rebaudiana)* **Aussehen:** Aufrechter, buschiger Wuchs; mit leicht eiförmigen, grünen Blättern. **Blüte:** Juli bis August; unscheinbar, weiß. **Standort:** Sandige, humose Erde; unbedingt im Kübel halten, da nicht winterhart. **Pflege:** Damit das Kraut schön kompakt wächst, während des Wachstums regelmäßig gießen und düngen; nach der Blüte im Herbst nahezu trocken bei etwa 12 °C überwintern (oberirdische Pflanzenteile sterben ab). **Vermehrung:** Aussaat im Frühjahr, Wurzelstockteilung oder Stecklinge. **Ernte:** Frische Blätter und Triebspitzen nach Bedarf und zum Trocknen. **Verwendung:** Frische und getrocknete Blätter zum Süßen verwenden. Doch Vorsicht bei der Dosierung, die Süßkraft ist enorm! Süßkraut besitzt blutdruck- und blutzuckersenkende Eigenschaften, ist vitamin- und mineralstoffhaltig und süßt kalorienfrei so stark wie Zucker.

GEWÜRZ-TAGETES *(Tagetes tenuifolia)* **Aussehen:** Kompakt wachsend; mit dunkelgrünen, nach Zitrone oder Orange duftenden, fein gefiederten Blättern; einjährig. **Blüte:** Juni bis Oktober; klein, robust und sehr farbintensiv; blühen unermüdlich bis zum Herbst in Gelb oder Orange (je nach Sorte). **Standort:** Im Beet und Topf; bevorzugt nährstoffreichen, leicht sandigen und nicht zu trockenen Boden. Besonders hübsch im Kübel und Kasten. Nicht zu eng pflanzen, sonst bleiben die Pflanzen eher klein. **Pflege:** Regelmäßig gießen und düngen; auf Nacktschnecken achten und ggf. absammeln. **Vermehrung:** Aussaat Mitte Februar bis März unter Glas; Pflanzzeit im Mai. **Ernte:** Frische Blätter und Blüten laufend. **Verwendung:** Küchenkraut für Salate, Suppen und zum Aromatisieren wie Dekorieren (Blütenblätter) von Bowle oder Essig.

| 50 | 150 | ☀ | ◐ | 💧 | V / X |

| 30 | 50 | ☀ | ◐ | 💧 | V / X |

| 10 | 15 | ☀ | ◐ | 💧📖 | III / IV |

MARIENBLATT *(Tanacetum balsamita)* **Aussehen:** Lockerer, buschiger Wuchs; mit stark verzweigten, flaumigen Stängeln; mehrjährig. Beim Zerreiben der eiförmigen Blätter breitet sich ein intensiver Duft aus. **Blüte:** Juli bis August; weißgelbe Körbchenblüten. **Standort:** Bevorzugt wird ein sonniger Platz in gut durchlässigem Boden. **Pflege:** Regelmäßig gießen (Erde darf nicht austrocknen) und düngen. Wird gerne von Schnecken heimgesucht. **Vermehrung:** Aussaat im Frühjahr, Stecklinge im Sommer, Wurzelstockteilung im Herbst. **Ernte:** Blätter vor und nach der Blüte, Blüten laufend. **Verwendung:** In der Küche zum Würzen von Salaten, Soßen und Geflügel; da sehr intensiv, nur sparsam dosieren. Passt gut in Duftpotpourris. Als Heilpflanze: Balsamkraut enthält Bitter- und Gerbstoffe sowie die ätherischen Öle Kampfer und Thujon. Tee wirkt verdauungsfördernd.

GROSSE KAPUZINER-KRESSE *(Tropaeolum majus)* **Aussehen:** Buschig; je nach Sorte aufrecht, kriechend oder kletternd; mit schildförmigen Blättern; einjährig. **Blüte:** Juli bis Oktober; bezaubernd in Cremeweiß, Gelb, Orange oder Rot. **Standort:** Windgeschützt; gut durchlässige, humusreiche Erde. Als Unterpflanzung im Beet, Topf, Kasten oder in der Hängeampel. **Pflege:** Regelmäßig gießen; wenig düngen. Bei Blattlausbefall am besten rigoros zurückschneiden. **Vermehrung:** Durch Aussaat ab März unter Glas oder Mitte Mai direkt ins Freie. **Ernte:** Blüten und Blätter unmittelbar vor Gebrauch. **Verwendung:** Nur frisch verzehren! Ideal als Zugabe zu Gemüse, Quarkspeisen und Salaten; sparsam und klein geschnitten verwenden; besitzt entzündungshemmende Eigenschaften und ist reich an Vitamin C sowie Senfölglykosiden. **Weitere Art:** Kleine Kapuzinerkresse *(Tropaeolum minus)*.

DUFT-VEILCHEN *(Viola odorata)* **Aussehen:** Diese mehrjährige, absolut winterharte Veilchen-Art bildet durch Ausläufer attraktive, grüne Blatteppiche (herzförmig gekerbt); beliebte Frühlingsboten. **Blüte:** März bis Mai; bezaubernde und wohlduftende, violette Blüten. **Standort:** Halbschattig unter Sträuchern und Gehölzen in feuchter, am besten magerer Erde; hübsch auch in Trögen und großen Kübeln. **Pflege:** Anspruchslos. **Vermehrung:** Aussaat in Saatkisten ab Januar (Kaltkeimer), Wurzelstockteilung im Herbst. **Ernte:** Blüten, junge Blätter und Triebe zur Blütezeit oder unmittelbar davor. **Verwendung:** Blüten als essbare Dekoration für Desserts, Salate, zum Kandieren oder Herstellen von Sirup. Als Heilpflanze: Eine Auflage mit zerquetschten Blättern hilft bei Hautentzündungen.

THYMIAN

ECHTER THYMIAN, QUENDEL (Thymus vulgaris)
Aussehen: Wächst ausdauernd, buschig und verholzt mit der Zeit. Die Blätter sind wie die Blüten sehr klein, immergrün und paarweise angeordnet. **Blüte:** Juni bis September; rosa, purpurfarben oder weiß. **Standort:** In gut durchlässiger Erde. Fühlt sich auch im Steingarten, in Mauerfugen oder im Topf wohl. **Pflege:** Sparsam gießen und düngen; hin und wieder in Form schneiden. In rauen Lagen vor Wintereinbruch mit Erde anhäufeln oder mit Reisig abdecken. **Vermehrung:** Aussaat im Frühjahr, Stecklinge im Frühsommer. **Ernte:** Blätter und Triebspitzen laufend; zum Trocknen bei Blühbeginn, dazu eine Handbreit über dem Boden abschneiden. **Verwendung:** Würzkraut – frisch oder getrocknet – für Fleischgerichte, Bratkartoffeln, Pizza, deftige Suppen, Kräuteressige und -öle. Als Heilpflanze: Hilfreich bei Husten und anderen Erkältungskrankheiten sowie Bronchitis.

1 *ZITRONEN-THYMIAN (Thymus × citriodorus)* **Besonderheit:** Stark nach Zitrone duftende Blätter; niedriger Wuchs; nicht verholzend; hellrosa bis lilafarbene Blätter; schön im Steingarten; nicht ganz frosthart.

2 *TEPPICH-THYMIAN (Thymus comosus* 'Doone Valley') **Besonderheit:** Nur 5 bis 10 cm hoch, polsterbildend, für Steingärten und zur Begrünung von Mauerritzen; gelbbunte Blätter.

3 KÜMMEL-THYMIAN
(Thymus herba-barona) **Besonderheit:** Winzig kleine Blättchen mit unverkennbarem Kümmelaroma; kriechender Wuchs, mattenbildend; dunkelrosa Blüten.

4 KASKADEN-THYMIAN
(Thymus longicaulis ssp. odoratus) **Besonderheit:** Bildet Ranken, eignet sich bestens zur Ampelbepflanzung und für Trockenmauern; rosa Blüten; aromatische Blätter.

5 QUENDEL (Thymus pulegioides) **Besonderheit:** Mehrjährige, alte Heilpflanze (Hustenmittel); sehr würzig; reich blühend; mehrjähriger Wuchs; ausgezeichnete Bienenweide.

6 ZITRONEN-SAND-THYMIAN (Thymus serpyllum 'Lemon Curd') **Besonderheit:** Blätter haben gutes Zitronenaroma; flach wachsender, mattenbildender Bodendecker; kräftig violette Blüten.

7 ORANGEN-THYMIAN
(Thymus vulgaris 'Orange Spice') **Besonderheit:** Polsterförmiger Wuchs mit schmalen, feinen silberfarbenen Blättern; wunderbares Orangenaroma; rosa Blüten.

8 KUGEL-THYMIAN 'Fredo' (Thymus vulgaris 'Fredo') **Besonderheit:** Verfügt über hervorragende Würzeigenschaften; wichtig für ihre Ausprägung ist ein sonniger Standort, im Beet, Kübel oder Kasten.

GEWÖHNLICHE SCHAF-GARBE *(Achillea millefolium)*
Aussehen: Ausdauernd wachsend, mit kriechendem Wurzelstock; bildet eine Blattrosette mit bis zu 80 cm hohen Stängeln, an deren Ende sich Blütendolden bilden. Die Blätter sind grün, lanzettlich, fein gefiedert und duften würzig. **Blüte:** Mai bis Oktober; cremeweiß mit einem Hauch Rosa. **Standort:** Wächst in nahezu jedem Boden, liebt es trocken. **Pflege:** Breitet sich stark aus, deshalb rechtzeitig eingreifen, ansonsten anspruchslos. Schädlingskontrollen durchführen. **Vermehrung:** Aussaat im Frühjahr, Wurzelstockteilung im Herbst. **Ernte:** Junge Blätter ab dem Frühling laufend. **Verwendung:** Tee wird bei Erkältungskrankheiten empfohlen. Kraut und Blüten für Kräuterkissen. In der Küche: Zarte, frische Blätter würzen Salate, Suppen, Soßen und Quarkspeisen.

GEWÖHNLICHER FRAUEN-MANTEL *(Alchemilla xanthochlora,* syn. *Alchemilla vulgaris)*
Aussehen: Winterharte Heilpflanze, wächst aufrecht, horstbildend. Die Blätter sind rundlich bis nierenförmig, 9- bis 11-fach gelappt und ringsum gezähnt. **Blüte:** Mai bis August; klein, grüngelb. **Standort:** Humose, feuchte, jedoch durchlässige Erde; wächst auch wild an Rainen und Hängen. **Pflege:** Regelmäßig gießen; Beet unkrautfrei halten; Rückschnitt nach der Blüte; ansonsten anspruchslos. **Vermehrung:** Aussaat im Frühjahr, Wurzelstockteilung im späten Herbst oder zeitigen Frühjahr. **Ernte:** Blätter ab Mai, blühendes Kraut. **Verwendung:** Tee hilft bei Wechseljahres-, Magen- und Darmbeschwerden; man kann damit auch eitrige Wunden auswaschen. In der Küche: Frische junge Blätter an Salate geben. **Weitere Art:** Alpen-Frauenmantel *(Alchemilla alpina)*.

ECHTE ALOE *(Aloe vera)* **Aussehen:** Frostempfindliche Pflanze mit blaugrünen, dickfleischigen Blättern, die am Rand bedornt sind. **Blüte:** Juli bis August; gelb. **Standort:** Warm in gut durchlässiger, mit Sand versetzter Kübelpflanzenerde. **Pflege:** Ein bis zwei Mal jährlich düngen; wenig gießen. Da nicht winterhart, Aloe hell bei 5 – 10 °C oder im beheizten Zimmer überwintern; Trockenheit wird gut vertragen, Nässe weniger. **Vermehrung:** Aussaat im Frühjahr; Ableger (Seitensprosse). **Ernte:** Blätter oder Blattstücke bei Bedarf ganzjährig. **Verwendung:** Bewährte Heilpflanze bei Herpes, leichten Verbrennungen, Sonnenbrand, Insektenstichen und Ekzemen. Dazu Blätter aufschneiden und den frisch austretenden Saft auftragen. Aloe ist reich an Enzymen, Mineralstoffen sowie Aminosäuren.

ECHTER EIBISCH (*Althaea officinalis*) **Aussehen:** Aufrechter, buschiger Wuchs; Stängel sind leicht behaart und die Blätter 3- bis 5-lappig. In den Blattachseln bilden sich im Sommer büschelige und trichterförmige, malvenartige Blüten. Mehrjährig. **Blüte:** Juni bis August; weiß, rosa bis hellviolett; Blütenkelche bis 9 cm lang. **Standort:** Nährstoffreiche, feuchte und tiefgründige Erde; Pflanzen lassen sich gut in großen Kübeln heranziehen. **Pflege:** Regelmäßig gießen. **Vermehrung:** Aussaat im Frühjahr unter Glas; Wurzelstockteilung im Herbst. **Ernte:** Blätter kurz vor der Blüte; Blüten laufend; Wurzeln im Herbst. **Verwendung:** Bewährte Heilpflanze bei Erkältungskrankheiten. Eibisch-Tee wird bei Entzündungen der Blase sowie im Mund- und Rachenraum empfohlen.

ECHTE ENGELWURZ (*Angelica archangelica*) **Aussehen:** Winterharte Staude mit hohlen, dicken, gerillten Stängeln und hellgrünen, fiederteiligen Blättern. **Blüte:** Juni bis August; grünlich weiße, halbkugelige, duftende Doldenblüten. **Standort:** Windgeschützt; ideal ist ein gut gedüngter, sandig-humoser und tiefgründiger Boden. **Pflege:** Engelwurz liebt es feucht, daher bei Trockenheit regelmäßig gießen und düngen. **Vermehrung:** Aussaat im Herbst. **Ernte:** Ab März Triebe, ab September Wurzeln. Frische Triebe und Blätter ab Ende Mai/Juni; Wurzeln ab Herbst des zweiten Standjahres. **Verwendung:** Tee aus getrockneten Wurzeln wirkt magenstärkend und blutreinigend; Hauptinhaltsstoffe sind ätherische Öle und Bitterstoffe; die Wurzel wird zum Ansetzen von Magenbitter verwendet. In der Küche: Junge Engelwurzblätter und -stiele würzen Suppen, Soßen, Mayonnaise und Salate.

RINGELBLUME (*Calendula officinalis*) **Aussehen:** Aufrechter Wuchs mit verzweigten Stängeln, behaarten Blättern; ein- oder zweijährig wachsend. **Blüte:** Juni bis Oktober; große Blütenköpfe in leuchtendem Gelb oder Orange. **Standort:** Liebt sonnige Plätze im Beet, Kübel oder Kasten; in gut durchlässiger Erde. **Pflege:** Regelmäßig gießen; mäßig düngen. Verblühtes entfernen für lange Blütezeit. **Vermehrung:** Aussaat durch Vorkultur oder direkt ins Beet. **Ernte:** Blütenköpfe, Zungenblüten sowie junge Blätter. **Verwendung:** In den Blüten enthaltene Stoffe wirken entzündungshemmend, wundheilend (insbesondere Ringelblumenbalsam bzw. -salbe) und als Blütentee entgiftend; auch für Kräuterkissen, -sträuße und Blütenpotpourris. In der Küche: Zum Färben von Butter oder Käse geeignet.

RÖMISCHE KAMILLE (*Chamaemelum nobile*, syn. *Anthemis nobilis*) **Aussehen:** Teppichartig wachsende, mehrjährige Pflanze mit grünen gefiederten Blättern; körbchenartige weiße Blüten mit gelber Mitte; Blüten und Blätter duften herrlich. **Blüte:** Juni bis September; gelb-weiß. **Standort:** In durchlässiger, lockerer und nährstoffreicher Erde. **Pflege:** Sparsam gießen und düngen; gleichmäßiger Rückschnitt nach der Blüte; allerdings nicht zu nah am Boden abschneiden, sonst drohen Trockenschäden. **Vermehrung:** Aussaat unter Glas im zeitigen Frühjahr; Teilung der Pflanze im Frühjahr oder Herbst. **Ernte:** Blüten und Blätter. **Verwendung:** Entzündungshemmend, antibakteriell und nervenberuhigend. Kompressen fördern die Wundheilung. Gut für Kräuterkissen und Duftpotpourris. Beliebte Bienenweide.

ROTER SONNENHUT (*Echinacea purpurea*) **Aussehen:** Aufrecht wachsend; mehrjährig; verzweigter Stängel; länglich ovale Blätter. **Blüte:** Juli bis September; purpurrote große Blütenköpfe. **Standort:** Gedeiht am besten in humusreichem, gut gedüngtem, durchlässigem und feuchtem Boden. **Pflege:** Beet unkrautfrei halten und gelegentlich düngen. Verblühtes regelmäßig zurückschneiden, dann blüht die Pflanze ein weiteres Mal. **Vermehrung:** Aussaat im April/Mai ins Freiland; Wurzelstockteilung im Frühjahr und Herbst. **Ernte:** Blütenblätter; Wurzeln im Herbst ernten, reinigen und trocknen. **Verwendung:** Stärkt die Abwehrkräfte bei Erkältungskrankheiten, Entzündungen und Virusinfektionen. Kompressen mit einem Pflanzenbrei (zerstoßene Blätter und Wurzeln) fördern die Heilung eitriger Wunden. In der Küche: Blütenblätter für Salate und Getränke nutzen.

GEWÜRZ-FENCHEL (*Foeniculum vulgare* ssp. *vulgare* var. *dulce*) **Aussehen:** Aufrechte, breite Wuchsform mit fein gefiederten aromatischen Blättern und ausladenden Blütendolden, in denen sich bis zum Herbst Samen bilden. **Blüte:** Juli bis September; gelbgrün. **Standort:** Ideal ist ein sonniger Platz in kalkhaltigem, durchlässigem Boden. **Pflege:** Gleichmäßig gießen, hin und wieder düngen; die zweijährige Pflanze benötigt in rauen Lagen Winterschutz. **Vermehrung:** Freilandaussaat im Frühjahr, Wurzelstockteilung im Herbst. **Ernte:** Frische Blätter ab Ende Mai; Blütendolden zur Dekoration und zum Einlegen von Kräuteressig; Samen im Herbst. **Verwendung:** Fenchel wirkt appetitanregend und verdauungsfördernd. In der Küche: Frisches Fenchelkraut würzt Suppen, Soßen, Salate, Gemüse und Kräuterbutter; Samen wird für Tee verarbeitet und passt zu Fisch und Fleisch.

TÜPFEL-JOHANNISKRAUT (Hypericum perforatum) **Aussehen:** Reich verzweigt, aufrecht wachsend, horstbildend; mehrjährig. Die länglichen Blätter sind bläulich grün. **Blüte:** Juni und Juli; sonnengelb. **Standort:** In durchlässigem, eher trockenem Boden. **Pflege:** Rückschnitt im Herbst und vor Wintereinbruch; reifen Kompost im Wurzelbereich ausbringen. **Vermehrung:** Aussaat im Frühjahr (unter Glas/Frühbeet), Stecklinge vor der Blüte. **Ernte:** Von Juni bis Juli. Blühende Sprossspitzen (die gelben Blüten verfärben sich beim Zerquetschen blutrot). **Verwendung:** Johanniskraut-Öl wirkt entzündungshemmend bei Muskelschmerzen und beugt Schwangerschaftsstreifen vor. Johanniskraut-Tee oder -Tinktur hilft bei Schlafproblemen sowie bei depressiven Verstimmungen. Dank enthaltener Phytohormone wirkt das Kraut auch stabilisierend und beruhigend.

YSOP (Hyssopus officinalis) **Aussehen:** Aufrecht wachsender, buschiger, von unten her verholzender Strauch mit schmalen, dunkelgrünen Blättern. **Blüte:** Juni bis September; blau oder violettblau, in Scheinähren. **Standort:** In gut durchlässigem, humosem und leicht kalkhaltigem Boden. Ysop eignet sich auch zur Beeteinfassung. **Pflege:** Im Frühjahr mit feinkrümeliger Komposterde versorgen. Damit die Pflanze nicht verkahlt, im Herbst kräftig zurückschneiden. **Vermehrung:** Aussaat im Frühjahr; Stecklinge im Sommer. **Ernte:** Junge Triebe und Blätter bis zur Blüte. **Verwendung:** Enthält ätherische Öle, Gerb- und Bitterstoffe. Tee wird bei Magen- und Darmbeschwerden sowie zum Gurgeln bei Halsweh empfohlen. In der Küche: Sparsam zum Würzen von Fleisch, Fisch, Eintöpfen, Salaten und Bohnengerichten verwenden. **Weitere Art:** Begrannter Ysop *(Hyssopus aristatus)* für Duftpotpourris, schöne Einfassungspflanze.

ECHTE KAMILLE (Matricaria recutita) **Aussehen:** Aufrecht, locker wachsende einjährige Pflanze mit reich verzweigten Stängeln und gefiederten Blättern. Das Heilkraut ist am hohlen Blütenboden (innen gelbe Röhrenblüten, umgeben von weißen Zungenblüten) zu erkennen und verströmt einen intensiven Duft. **Blüte:** Mai bis September; gelbweiß. **Standort:** Vollsonnig; in lehmreichem, mäßig trockenem Boden. **Pflege:** Hin und wieder gießen, ansonsten anspruchslos. **Vermehrung:** Aussaat im Frühjahr direkt ins Beet oder in den Topf; versamt sich auch von selbst. **Ernte:** Blütenköpfchen während der Blütezeit und bei Sonnenschein laufend. **Verwendung:** Heil- und Teekraut (frisch oder getrocknet) mit entzündungshemmenden, beruhigenden und wundheilenden Eigenschaften; wird bei Erkältungskrankheiten zum Inhalieren oder als Badezusatz empfohlen. Kamillen-Öl wirkt pflegend bei rauer Haut.

GEWÖHNLICHE NACHT-KERZE *(Oenothera biennis)*

Aussehen: Aufrecht wachsende, zweijährige Heilpflanze mit dicker Pfahlwurzel. **Blüte:** Juni bis September (meist erst im Jahr nach der Aussaat); große, duftende und leuchtend gelbe Blüten, die sich bei bedecktem Himmel öffnen. **Standort:** In nährstoffarmem Boden. **Pflege:** Sparsam gießen und düngen, ansonsten anspruchslos. **Vermehrung:** Aussaat an Ort und Stelle; versamt sich auch selbst. **Ernte:** Blüten, Blätter, Wurzeln und Samen. **Verwendung:** Nachtkerzenöl (aus Samen) enthält ungesättigte Fettsäuren, regt den Stoffwechsel an und wird bei Hautkrankheiten (z. B. Neurodermitis) empfohlen; Tee (Samen) bei Husten und anderen Erkältungskrankheiten. In der Küche: Frische Wurzeln als Gemüse und Blätter ähnlich wie Spinat zubereiten. **Weitere Art:** Duft-Nachtkerze *(Oenothera odorata)*.

WEINRAUTE *(Ruta graveolens)*

Aussehen: Aufrecht und buschig wachsender Strauch mit attraktiven, blaugrün bereiften, gefiederten Blättern; herb duftend. **Blüte:** Juni bis Juli; gelb. **Standort:** In gut durchlässigem, sandhaltigem und etwas kalkhaltigem Boden. In rauen Lagen ist Winterschutz erforderlich. **Pflege:** Regelmäßig gießen; nach der Blüte zurückschneiden (dazu unbedingt lange Handschuhe anziehen, da austretender Pflanzensaft heftige Hautreizungen auslösen kann!). Auf Mehltaubefall achten, bei Bedarf eingreifen. **Vermehrung:** Aussaat oder Stecklinge im Frühjahr. **Ernte:** Junge Blätter und Blüten. **Verwendung:** Heil- und Würzkraut, nur in geringen Dosen (frisch oder getrocknet) nutzen, am besten nach Empfehlung eines erfahrenen Therapeuten. Blattstiele sind sehr attraktiv in Kräutersträußen und -potpourris.

HAUSWURZ *(Sempervivum tectorum)*

Aussehen: Sukkulente Pflanze mit kissenförmigem Wuchs; mehrjährig; bildet Blattrosetten in verschiedenen Farbtönen. Nach der Blüte stirbt die Blattrosette, aus der die Blüte kam, ab; neue Rosetten bilden sich rasch. **Blüte:** Juni bis August; rosa bis purpurrot, sternenförmig. **Standort:** In nährstoffarmem, gut durchlässigem und trockenem Boden. Gedeiht gut in Töpfen, Trögen und Mauern. **Pflege:** In schwere Böden Kies, Sand oder Splitt einarbeiten; Nässe wird nicht vertragen. **Vermehrung:** Aussaat im Frühjahr oder Rosetten abtrennen (von Frühjahr bis Herbst) und einpflanzen. **Ernte:** Blätter bei Bedarf. **Verwendung:** Umschläge und Tinkturen von frisch gepresstem Saft lindern Schmerzen bei Sonnenbrand, Verbrennungen und Hühneraugen.

HEIL-ZIEST (Stachys officinalis)

Aussehen: Stark wachsende heimische Staude mit aufrechtem, horstbildendem Wuchs und länglichen, gezähnten Blättern. **Blüte:** Juni bis September; purpurrosa. **Standort:** In gut durchlässigem, gewöhnlichem Gartenboden; wild wachsend auf Wiesen und Weiden anzutreffen. **Pflege:** Bei anhaltender Trockenheit gelegentlich etwas gießen und düngen; ansonsten anspruchslos. **Vermehrung:** Aussaat im Frühjahr, Wurzelstockteilung nach der Blüte im Herbst. **Ernte:** Makellose Blätter und blühende Spitzen zum Trocknen für Teezubereitungen. **Verwendung:** Echter Ziest ist eine gefragte Heilpflanze. Tee gilt als hilfreich bei stressbedingten Kopfschmerzen und Migräne sowie Verdauungsstörungen; nervenstärkend; reich an Gerb- und Bitterstoffen. **Hinweis:** Nektarpflanze für Bienen, Hummeln und Schmetterlinge. **Weitere Art:** Woll-Ziest (Stachys byzantina) – Zierpflanze mit weichen, behaarten Blättern.

GEMEINER BEINWELL (Symphytum officinale)

Aussehen: Krautige, rhizombildende Pflanze mit aufrechten, behaarten Stängeln und langen Blättern; mehrjährig. **Blüte:** Mai bis August; violett bis purpurfarben. **Standort:** Feuchter, tiefgründiger, nährstoffreicher, lehmhaltiger Boden. **Pflege:** Regelmäßig und reichlich gießen; stickstoffbetont düngen. **Vermehrung:** Aussaat im Frühjahr oder Herbst; Wurzelstockteilung. **Ernte:** Frische Blätter ab Frühjahr fortlaufend; Wurzeln im Frühjahr und Herbst (zum Trocknen). **Verwendung:** Als Heilpflanze gilt Beinwell als probates Mittel bei Gelenkschmerzen, Prellungen, Knochenbrüchen, Verstauchungen sowie rheumatischen Beschwerden. Er wirkt wundheilend. Nicht mehr als vier bis sechs Wochen in Folge verwenden. Zum Verzehr ist Beinwell nicht zu empfehlen.

BALDRIAN (Valeriana officinalis)

Aussehen: Aufrecht wachsende, winterharte wurzel- und ausläuferbildende Staude mit gefiederten Blättern und hohlen Stängeln. **Blüte:** Mai bis September; weiße, gelegentlich rosafarbene, schirmförmige Blütenstände. **Standort:** Normaler, feuchter Boden. **Pflege:** Regelmäßig gießen, mit Kompost versorgen; Blütendolden vor der Samenbildung abschneiden; anspruchslos. **Vermehrung:** Aussaat im Frühjahr, Wurzelstockteilung im Herbst. **Ernte:** Wurzeln nach dem zweiten Jahr, ab dem Herbst, wenn die Blätter abgestorben sind; Blätter im Frühjahr. **Verwendung:** Am bekanntesten ist Baldrian wegen seiner beruhigenden und schlaffördernden Eigenschaften, zum Beispiel als Tee. In Kombination mit Johanniskraut und Hopfen (Apotheke) wird die Wirkung noch verstärkt.

CHINESISCHER LAUCH
(*Allium ramosum*, syn. *Allium odorum*) **Aussehen:** Mehrjährige, winterharte Lauchart (ähnlich dem bei uns bekannten Schnittknoblauch) mit hohem Wuchs; wird in Asien seit Jahrtausenden angebaut. Intensiv nach Knoblauch duftendes Aroma. **Blüte:** Juli bis August, weiß. **Standort:** In frischer, nahrhafter Erde. **Pflege:** Ein- bis zweimal jährlich leicht düngen; hin und wieder gießen; Pflanze alle drei bis vier Jahre durch Teilung verjüngen und an einen anderen Platz setzen. **Vermehrung:** Aussaat ins Beet von April bis August; Topfkultur auch im Winter möglich; Wurzelstockteilung im zeitigen Frühjahr oder im Herbst. **Ernte:** Stiele ab Mai bodennah und büschelweise mit einem scharfen Küchenmesser oder einer Kräuterschere abschneiden. **Verwendung:** Blätter und Blüten für asiatische Speisen; feine Knoblauchwürze für Rohkostsalate, Suppen, Kräuterbutter, -quark, Gemüse, Fisch und Fleisch.

INDISCHER DILL (*Anethum sowa*) **Aussehen:** Enger Verwandter des bei uns weit verbreiteten Dills (*Anethum graveolens*). Die Pflanze bildet fein gefiederte, aromatische Blätter und wächst aufrecht; einjährig. **Blüte:** Juli bis August; tiefgelbe Doldenblüten. **Standort:** Ideal ist ein Platz in durchlässiger, sandighumoser Erde. **Pflege:** Hin und wieder düngen und gießen. Auf zu viel Nässe reagiert das Kraut mit Blattverfärbungen; wird gerne von Läusen heimgesucht. **Vermehrung:** Aussaat im Februar/März unter Glas oder ab Mai direkt ins Freiland. **Ernte:** Junge Blätter und Triebe vor der Blüte; Samen im Herbst. **Verwendung:** Frisches Kraut als Gewürz für Suppen und Reisgerichte, zerriebener Samen für Fisch und Sushi. Als Heilpflanze: Wird in Asien bei Magen- und Darmbeschwerden empfohlen.

SALAT-CHRYSANTHEME
(*Chrysanthemum coronarium*) **Aussehen:** Einjährige, krautige Pflanze mit länglichen, blaugrauen bis dunkelgrünen, gefiederten Blättern. **Blüte:** Juli bis September; weiß- oder goldgelb; einfach oder gefüllt. **Standort:** Gut durchlässige, sandig-lehmige Erde. **Pflege:** Regelmäßig und reichlich düngen und gießen. Auf Blattlausbefall achten. **Vermehrung:** Aussaat ab April unter Glas, ab Mitte Mai direkt ins Beet. **Ernte:** Von August bis September. Junge Blätter und Triebe sowie Blütenblätter. **Verwendung:** Aroma ähnelt dem von Petersilie und passt hervorragend zu Suppen, Salaten, Rohkost, Kräuterbutter oder -quark. Die Blütenblätter eignen sich als essbare Deko für Desserts, Bowlen oder Salate. Als Heilpflanze: Tee-Aufguss der Blüten wird bei Kopfschmerzen empfohlen oder als Auflage (dazu Tuch in Tee tauchen) bei müden Augen oder Pickeln.

KORIANDER *(Coriandrum sativum)* **Aussehen:** Aufrecht wachsend; Stängel gerillt, an der Basis dreilappige Blätter und im oberen Bereich fein gefiedert; einjährig. **Blüte:** Juni bis August; weiße bis hellrosafarbene Doldenblüten. **Standort:** In durchlässiger, nährstoffreicher Gartenerde. **Pflege:** Gleichmäßig gießen, gelegentlich düngen. **Vermehrung:** Aussaat im April, direkt ins Beet oder in eine Pflanzschale. **Ernte:** Frische Blätter laufend, Samen bevor sie braun sind (frühestens jedoch Ende August). **Verwendung:** Blätter würzen exotische Gerichte, Wildmarinaden, Salate und Gemüse. Gemahlene Samen für Wok- und Kohlgerichte, Gewürzbrot und -kuchen. Koriander ist ein traditionelles Gewürz für Wurst und Räucherspeck. Als Heilpflanze: verdauungsfördernd und krampflösend.

MITSUBA *(Cryptotaenia japonica)* **Aussehen:** Krautig und ausdauernd wachsende asiatische Spezialität mit lang gestielten, dreiteiligen und sattgrünen, am Rand gesägten Laubblättern; hat Ähnlichkeit mit glatter Petersilie. **Blüte:** Mai bis Juli; unscheinbare, kleine weiße Doldenblüten. **Standort:** Ideal ist ein halbschattiger, feuchter Platz im Beet oder Kübel. **Pflege:** Regelmäßig gießen; da nicht ganz frosthart, im Winter mit Reisig abdecken. **Vermehrung:** Aussaat ab Mai bis August. **Ernte:** Frische Blätter bis zur Blüte; Wurzeln im Herbst. **Verwendung:** Frische Blätter und Blattstiele würzen Salate, Suppen sowie Quarkspeisen; man gibt sie an Wok-Gerichte, zu Sushi oder backt sie mit Gemüse (Tempura) aus. Wurzeln als Gemüse zubereiten. Enthält Vitamin A, B1, B2 und C.

ZITRONENGRAS *(Cymbopogon citratus)* **Aussehen:** Mehrjährig wachsendes, äußerst aromatisches Gras. Die Blätter der horstbildenden Pflanze sind rau und verströmen bei Berührung oder Rückschnitt ein frisches Zitrusaroma. **Blüte:** Kulturformen blühen nicht. **Standort:** Warmer, regengeschützter Platz und das möglichst ganzjährig; daher unbedingt im Kübel kultivieren. Eine nahrhafte und gut durchlässige Erde ist ideal. **Pflege:** Regelmäßig düngen und gießen (besonders im Sommer), jedoch Staunässe vermeiden; im Haus, hell und bei mindestens 10 °C überwintern. **Vermehrung:** Aussaat im Frühjahr unter Glas bei ca. 20 °C; Wurzelstockteilung im Frühjahr oder Herbst. **Ernte:** Junge Halme ganzjährig. **Verwendung:** Wichtiges asiatisches Tee- und Küchenkraut (frisch oder getrocknet); würzt Soßen, Currys und Fischgerichte. Als Heilpflanze: Zitronengras wirkt antibakteriell, krampflösend, harntreibend und verdauungsfördernd.

CHINESISCHER GEWÜRZ-STRAUCH (Elsholtzia stauntonii)

Aussehen: Aufrecht wachsender, leicht verholzender Halbstrauch mit attraktiver leuchtend roter Herbstfärbung; mehrjährig. **Blüte:** August bis Oktober; kräftig dunkelrosafarbene Blütenripsen mit minzeartigem Duft. **Standort:** Wächst auf allen durchlässigen Böden. **Pflege:** Pflegeleicht; wenig gießen und düngen; vor dem Winter bis ins alte Holz zurückschneiden und mit Reisig abdecken. **Vermehrung:** Aussaat im Frühjahr oder halbverholzte Stecklinge im Sommer. **Ernte:** Blätter nach Bedarf. **Verwendung:** Blätter für Tee zur Förderung der Verdauung oder zum Würzen von Gerichten, zum Beispiel Gemüse.

SCHWARZKÜMMEL (Nigella sativa)

Aussehen: Einjährige Pflanze, aufrechter Wuchs, mit reich verzweigten Stängeln; nach der Blüte bildet *Nigella* mohnähnliche Kapseln aus, in denen aromatische, dunkle Samen reifen. **Blüte:** Juni bis August; blaugrau. **Standort:** Warmer Platz in gut durchlässiger, humoser Gartenerde. **Pflege:** Beet gleichmäßig feucht (aber nicht nass) halten; aufkommende Unkräuter gleich entfernen; hin und wieder etwas düngen. **Vermehrung:** Durch Aussaat im Frühjahr. **Ernte:** Samen im Sommer, sobald sie sich schwarzbraun verfärbt haben. **Verwendung:** Schwarzkümmelsamen werden frisch oder geröstet verwendet; man kann damit unter anderem Brot, Soßen, Fleisch- und Fischgerichte würzen; er wird auch als Pfefferersatz genutzt. Als Heilpflanze: in der Homöopathie bei Magenerkrankungen, Blähungen, Verdauungsstörungen und Leberleiden.

SCHWARZNESSEL (Perilla frutescens)

Aussehen: Buschiger Wuchs; je nach Sorte mit rundlichen, gewellten, stark gezähnten grünen oder roten Blättern; spitz zulaufend; einjährig. **Blüte:** September; weiß. **Standort:** Gut durchlässiger, humoser und nährstoffreicher Boden. **Pflege:** Regelmäßig gießen, entspitzen (gibt eine schönere Wuchsform) und düngen. Auf Blattläuse und Weiße Fliege achten und bei Befall eingreifen. **Vermehrung:** Aussaat im Frühjahr unter Glas oder im Mai vor Ort (Pflanzen dann vereinzeln). **Ernte:** Blätter vor der Blüte. **Verwendung:** Würzt Salate; Samen und Blätter kommen bei japanischen Gerichten wie Sushi oder Tempura zum Einsatz und verleihen Pfannengerichten ein ganz besonderes Aroma. Als Heilpflanze: Schwarznessel gilt als krampf- und schleimlösend und hilfreich bei Übelkeit.

VIETNAMESISCHER KORIANDER (Persicaria odorata, syn. *Polygonum odoratum*) **Aussehen:** Pflegeleichte Knöterichart mit spitz zulaufenden Blättern und intensivem Korianderaroma; rasch wachsender Bodendecker. **Blüte:** Juli bis August; hellrosa. **Standort:** Am besten in gut durchlässiger, sandig-humoser Kompost- oder Kübelpflanzenerde; idealerweise im Kübel, Trog oder geräumigen Kasten. **Pflege:** Erde stets gut feucht halten. Die Würzpflanze wächst zwar mehrjährig, ist in unserem Klima jedoch nicht winterhart; deshalb besser als Kübelpflanze ziehen und frostfrei überwintern. **Vermehrung:** Stecklinge (in Wasser bewurzeln lassen); Wurzelstockteilung im Frühjahr oder Herbst. **Ernte:** Frische Blätter und Triebspitzen. **Verwendung:** Wichtiges Gewürz für asiatische Gerichte; enthält ätherische Öle. Als Heilpflanze: hilfreich bei Magen-, Darm- und Verdauungsbeschwerden.

AJOWAN (Trachyspermum ammi) **Aussehen:** Das einjährig wachsende Heilkraut hat Ähnlichkeit mit Kümmel; es bildet fein gefiederte Blätter aus. **Blüte:** Ab Frühsommer weiße Blütendolden, in denen winzig kleine Samen reifen. **Standort:** Warmer Platz in feuchtem, nährstoffreichem Boden ist optimal. **Pflege:** Boden stets gleichmäßig feucht halten; der Wurzelballen darf nicht austrocknen, Staunässe ist zu vermeiden. Hin und wieder düngen. **Vermehrung:** Aussaat im Frühjahr, wenn keine Fröste mehr zu erwarten sind. Am besten in Reihen säen. **Ernte:** Junge Blätter können bis zur Blütenbildung ähnlich wie Petersilie verwendet werden. Getrocknete Samen auslösen und in einem Keramik- oder blickdichten verschließbaren Gefäß aufbewahren. **Verwendung:** Die Samen haben ein intensives Thymianaroma, das Fleisch- und Gemüsegerichte sowie Hülsenfrüchte wunderbar würzt. Als Heilpflanze: Ajowan-Samen fördern die Verdauung.

INGWER (Zingiber officinale) **Aussehen:** Wächst mehrjährig; knolliger Wurzelstock ist reich verzweigt und bildet aufrechte, hohe Triebe mit schmalen, lanzettlichen Blättern. **Blüte:** August; gelb (in unserem Klima nicht zu erwarten). **Standort:** Empfindliche Tropenpflanze, die nährstoffreichen, gut durchlässigen, feuchten Boden (darf nicht nass sein!) sowie hohe Luftfeuchtigkeit benötigt; am besten als Kübelpflanze ziehen. **Pflege:** Sparsam gießen, der Wurzelballen darf jedoch nicht austrocknen. Hell und warm überwintern. **Vermehrung:** Rhizomteilung im Frühjahr. **Ernte:** Frische, möglichst dicke Rhizome. **Verwendung:** Würzt gerieben oder klein geschnitten Wok-Gerichte und verleiht Kuchen, Süßspeisen und Currypulver eine exotische Note. Als Heilpflanze: Ingwer wirkt schweißtreibend und hilft gegen Übelkeit bei Reisekrankheit.

PFLANZEN &
PFLEGEN

Darauf kommt es an

GESUNDE

Kräuter erhält man mit dem richtigen Standort, dem passenden Boden, einer ausgegliche-
nen Ernährung, der optimalen Temperatur
und der Luftfeuchtigkeit, günstigen Witte-
rungsverhältnissen wie Sonne, Regen und
Wind sowie der richtigen Pflege. Der Erfolg
lässt sich von Anfang an schon durch den Anbau kräftiger, gesunder Pflanzen beeinflussen.

GARTENPRAXIS
Pflanzung, Vermehrung,
Winterschutz, Pflegekalender

KRÄUTERTRÄUME WERDEN WAHR

ZU DEN WICHTIGSTEN VOR-AUSSETZUNGEN für gesundes Kräuterwachstum gehört ein Platz an der Sonne in lockerer Erde, ganz gleich ob im Beet oder Topf. Ideal sind Humusboden oder magerer Sandboden, mit reifem Kompost und etwas Tonmehl verbessert, und einem pH-Wert zwischen sechs und sieben. Schwerer, leicht klumpender Boden ist unbedingt mit Sand aufzulockern, sonst besteht die Gefahr von Staunässe – und die übersteht kein Kraut schadlos.
Die meisten Kräuter brauchen einen warmen Standort. Optimal wäre ein sonniger bis halbschattiger Platz vor einer windgeschützten Mauer, die bis in die Nacht hinein von ihrer gespeicherten Wärme abgibt. Ungeeignet für Kräuter sind dagegen schattige Plätze, an denen sich die Hitze staut oder es ständig zieht.

KRÄFTIGE PFLANZEN BE-VORZUGEN Hinzu kommen die Qualität und Bedürfnisse der Pflanzen. Beim Kauf ist besonders darauf zu achten, dass die Kräuter einen insgesamt gesunden und gepflegten Eindruck machen. Die Erde im Containertopf sollte feucht sein, aber nicht tropfnass. Weisen die Blätter starke Verfärbungen auf, Flecken oder Beläge, verzichten Sie besser auf den Kauf, ebenso wenn Sie Schädlinge entdecken. Diese sitzen vorzugsweise an den Triebspitzen oder der Blattunterseite, deshalb das Kraut unbedingt auch mal umdrehen!

PFLANZZEIT IST IM FRÜH-JAHR UND HERBST Sobald im Frühjahr die Tage wieder wärmer werden, der Boden offen ist und keine Nachtfröste mehr zu erwarten sind, können vorgezogene Kräuter ohne Weiteres ins Freiland ausgepflanzt werden.
Bevor die Aromaten in Beete und Balkongefäße gepflanzt werden, ist es sinnvoll, sie abzuhärten. Denn je nachdem, wo und wie die Kräuter gezogen wurden, reagieren sie auf Temperaturschwankungen häufig mit einem Wachstumsschock. Deshalb sollte man sie möglichst langsam an die Sonne gewöhnen, sonst kann es zu Blattverbrennungen kommen. Die Gefahr ist gebannt, wenn sie erst einmal vier bis fünf Tage im Freien im Halbschatten aufgestellt, gut gegossen und immer wieder nach dem Licht gedreht wurden.
Nach der Beetvorbereitung (Boden lockern und einteilen) macht es Sinn, die Kräuter samt Töpfchen so zu platzieren, wie sie letztlich stehen sollen. Planen Sie beim Pflanzabstand unbedingt die endgültige Größe des jeweiligen Krautes mit ein. Stehen Kräuter zu dicht, behindern sie sich gegenseitig im Wuchs und es kommt unweigerlich zu Problemen mit Krankheiten und Schädlingen. Die Löcher am besten mit einer Pflanzschaufel ausheben und die Pflanzen so tief in die Erde setzen, wie sie auch im Topf standen. Zwischenräume mit Erde auffüllen und fest andrücken. Der Wurzelballen muss rundum Erdkontakt haben. Danach gut wässern und bis zum Anwachsen stets gleichmäßig feucht halten.

1 VORBEREITUNG Bevor Sie das Beet anlegen, den Boden unbedingt tiefgründig und fein-krümelig vorbereiten. Danach die ausgewählten Kräuter im entsprechenden Abstand darauf verteilen. Pflanzlöcher ausheben, Kräuter austopfen. Im Erdreich vorhandene Wurzelreste möglichst restlos entfernen. Kräuter auspflanzen.

2 KRÄFTIG GIESSEN Mit abgestandenem Wasser kräftig gießen und möglichst mit Namens-schildchen versehen. Das Kräuterbeet von Zeit zu Zeit harken, denn der Boden sollte immer locker sein. Sobald die Pflanzen gut angewachsen sind, regelmäßig ernten.

A SO WIRD GEPFLANZT Den Kasten mit einer Schicht Blähton versehen (zuvor mit der Bohrmaschine Löcher in den Boden bohren, damit überflüssiges Gießwasser ablaufen kann), Erde einfüllen. Kräuter nicht tiefer pflanzen, als sie im Containertöpfchen standen; gut festdrücken.

B GOURMETKASTEN Etwa vier Wochen nach dem Auspflanzen hängen die verschiedenen Thymian-Arten schön über den Topfrand.

ERFOLGREICH VERMEHREN

KRÄUTER AUS SAMEN ZU VERMEHREN geht in der Regel schnell und unproblematisch. Optimaler Zeitpunkt dafür ist der März, wenn die Tage schon wieder deutlich länger sind. Als Anzuchtgefäße eignen sich Kunststoffschalen, die mit spezieller Anzuchterde gefüllt werden. Sie ist nahezu ungedüngt. Damit der Keimprozess in Gang kommt, braucht die Saat in der Regel sehr viel Licht, Wärme und Feuchtigkeit. Ein Platz auf der warmen, hellen Fensterbank oder im Gewächshaus sollte es daher schon sein. Ebenso macht es Sinn, die Saat mit einer transparenten Kunststoffhaube abzudecken. Darunter bleibt die Feuchtigkeit besser erhalten. Zum Feuchthalten des Saatgutes einen Wasserzerstäuber verwenden. Da die Bedürfnisse von Pflanzenart zu Pflanzenart wechseln, sollten Sie grundsätzlich die Angaben auf der Saattüte beachten. Von der Aussaat bis sich die ersten Blättchen zeigen, vergehen im Durchschnitt etwa zehn bis 30 Tage. Während dieser Zeit darf die Aussaaterde (ohne die geht es nicht!) keinesfalls austrocknen, das würde das Ende der Keimlinge bedeuten. Danach wird der Nachwuchs vereinzelt, damit er sich gut entwickeln kann. Nach weiteren zwei bis vier Wochen kann er in kleine Töpfchen gepflanzt werden. Spätestens ab Mitte Mai können Sie die Jungpflanzen ins Freie setzen. Die Pflanzenanzucht lässt sich durch Saatbänder und Aussaatscheiben deutlich vereinfachen, siehe Foto rechts.

ABSENKER: DIE ALTERNATIVE ZUR STECKLINGS-VERMEHRUNG Neben den rechts beschriebenen gängigen Möglichkeiten, seine Pflanzen selbst durch Stecklinge zu vermehren, sind Absenker eine gute Alternative. Manchmal passiert dies aber auch von ganz alleine. Nämlich dann, wenn die unteren Zweige einer Pflanze stets Bodenkontakt haben. Bei Tripmadam, Berg-Bohnenkraut, Rosmarin, Thymian oder Salbei kommt das häufig vor. Das heißt, die Pflanzen schlagen sprichwörtlich von alleine Wurzeln. Wer das jedoch forcieren möchte, senkt bodennahe Zweige Richtung Erde, verankert sie dort mit einem U-förmigen Draht und bedeckt den Zweig an einer blattlosen Stelle mit etwas Erde. Sobald sich Wurzeln gebildet haben, wird der Nachwuchs mit einer Schere von der Mutterpflanze getrennt und an einen neuen Standort gepflanzt.

1 VEGETATIVE VERMEHRUNG Mehrjährige Pflanzen (z. B. Salbei, Eberraute, Lavendel, Rosmarin, Thymian, Melisse) durch Stecklinge vermehren. Dazu mit einem scharfen, kleinen Küchenmesser unterhalb eines Blattknotens etwa 5 bis 6 cm lange Kopftriebe abschneiden.

2 BEWURZELN In einem mit sandiger Erde befüllten Mini-Gewächshaus bewurzeln lassen.

→ **EINFACHE TEILUNG** Schnittlauchpflanze im Frühjahr oder Herbst aus der Erde nehmen, mit einem Spaten halbieren oder vierteln; Teilstücke neu einpflanzen.

→→ **UNKOMPLIZIERT** Triebspitzen einer gesunden Pflanze abschneiden und zum Bewurzeln in ein Glas Wasser stellen. Haben sich genug Wurzeln gebildet, zunächst in ein kleines Gefäß pflanzen; in wenigen Wochen entwickelt sich ein kräftiger Wurzelballen, dann auspflanzen.

↓ **AUSSAAT LEICHTGEMACHT** Neben den üblichen Samentüten gibt es Saatbänder. Vorteil: Das Pikieren entfällt, Nachteil: Sie sind etwas teurer.

MEHRJÄHRIGE KRÄUTER
IM SPÄTHERBST
ZURÜCKSCHNEIDEN.

OHNE WINTERSCHUTZ …

VIELE HEIMISCHE KRÄUTER überstehen mit entsprechendem Schutz den Winter im Garten, trotzdem sollte man immer ein wachsames Auge haben. Robuste Kräuter im Topf oder Kasten kann man auf Holzleisten geschützt unter einem Dachvorsprung platzieren. Die Gefäße selbst mit Noppenfolie oder Kokosüberzügen gegen das Durchfrieren schützen und die Pflanzen mit Reisig abdecken.

RÜCKSCHNITT VOR DEM WINTER Mehrjährige Kräuter wie Liebstöckel, Oregano, Pfefferminze und Zitronenmelisse werden im Spätherbst etwa eine Handbreit über dem Boden abgeschnitten. So kurz kommen sie unter einer Laubdecke in der Regel unbeschadet durch den Winter. Ist Frost angekündigt, spätestens im November, sollten auch winterharte, jedoch etwas frostempfindliche Kräuter, zum Beispiel Heiligenkraut, Salbei, Lavendel, Currystrauch oder Oregano, durch eine Reisigabdeckung geschützt werden. Und nicht vergessen: Bei milder Witterung hin und wieder etwas gießen. Die Wurzelballen von belaubten Pflanzen dürfen nie komplett austrocknen. Winterschutz im Frühjahr rechtzeitig wieder entfernen.

DURSTIG Topfpflanzen öfter gießen als ausgepflanzte Kräuter im Beet. Das gilt übrigens auch für den Winter.

117

… WIRD'S FÜR VIELE KRÄUTER RISKANT

MEDITERRANE KRÄUTER VERTRAGEN KEINEN FROST

Fruchtsalvien, Duft-Pelargonien, Süßkräuter, Zitronenstrauch, die meisten Rosmarin-Sorten oder das wunderbar blühende und duftende Basilikum 'African Blue' *(Ocimum kilimandscharicum × basilicum purpureum)* begeistern durch ihre attraktive Erscheinung oder ihren Duft – und das den ganzen Sommer lang. Etwas problematisch kann es im Winter werden. Denn die genannten Kräuter überstehen ihn nur in heller, frostfreier Umgebung, idealerweise bei etwa 10 °C. An frostfreien Tagen hin und wieder kurz lüften, jedoch Zugluft vermeiden. Das stärkt die Pflanzen.

Außerdem müssen sie hin und wieder sparsam gegossen und auf eventuellen Schädlings- oder Krankheitsbefall untersucht werden. Bei Bedarf unbedingt sofort eingreifen; dazu die betroffenen Pflanzen sofort von den gesunden trennen. Dann, je nachdem, Schädlinge absammeln und Nützlinge einsetzen. Bei Pilzbefall, Rost oder anderen Krankheiten, die betroffenen Pflanzenteile zurückschneiden oder abwägen, ob der Einsatz eines Pflanzenschutzmittels Sinn macht, denn die Gefahr der Ansteckung ist für die Nachbarpflanzen groß. Auch wenn die Überwinterungsbedingungen optimal sind, wird es immer wieder passieren, dass das eine oder andere Kraut vermehrt Blätter abwirft. Wegen der Gefahr von Krankheitsübertragungen sollten sie aufgesammelt und auf den Kompost gegeben werden.

SIE GENIESSEN ZIMMERTEMPERATUREN

Kräuter, die in den Tropen und Subtropen zu Hause sind, können den Winter problemlos im Zimmer verbringen. Dazu gehören beispielsweise die Echte Aloe *(Aloe vera)*, Jamaika-Thymian *(Plectranthus amboinicus)*, Blatt-Kardamom *(Elettaria cardamomum)*, Moujean-Tee *(Nashia inaguensis)* und Zimmerknoblauch *(Tulbaghia violacea)*. Doch Vorsicht, selbst wenn die Rahmenbedingungen stimmen, kann es bei einem zu warmen Standort zu Blattlausbefall kommen! Bei zu trockener Luft nisten sich gerne die Rote Spinne oder Wollläuse ein. Das sind Schädlinge, die sich in der Regel gut mit Blattglanzspray bekämpfen lassen. Allerdings eignen sich die betroffenen Kräuter dann für die nächsten vier Wochen nicht mehr zum Verzehr.

PFLEGE VON JANUAR BIS DEZEMBER

JANUAR

- Kräuter im Winterquartier auf Schädlingsbefall überprüfen; hin und wieder gießen.
- Lorbeer, Rosmarin und Zitronenstrauch (sofern sie hell stehen und Blätter haben) zum täglichen Gebrauch ernten.
- Samenreste auf vorhandene Keimfähigkeit überprüfen: Feuchtes Zellstofftuch oder Watte in ein Schälchen legen, Samen darauf verteilen, mit Klarsichtfolie bedecken. Keimt mehr als die Hälfte, lohnt sich die Aussaat.

FEBRUAR

- Mit der Beetplanung beginnen.
- Saatgut für die eigene Anzucht besorgen.
- Deko-Ideen jetzt umsetzen; zum Beispiel Kräutertreppe bauen, Gefäße bemalen, mit Schablonenmalerei oder Serviettentechnik verzieren.

MÄRZ

- Mit der Kräuteraussaat auf der warmen Fensterbank oder im beheizten Vermehrungsbeet (z.B. Floratherm) beginnen; Angaben auf Saattüten berücksichtigen.
- Wenn der Boden nicht mehr gefroren ist, ab Mitte des Monats Knoblauchzehen und Zwiebeln stecken.
- Die ersten Kräutertöpfe, zum Beispiel Rosmarin und Lavendel, können das Winterquartier verlassen; zunächst frostfest aufstellen; regelmäßig gießen.
- Currykraut, Salbei, Thymian und Rosmarin rundum mit einer Schere in Form schneiden, dann treiben sie gleichmäßig aus.

APRIL

- Boden für neu anzulegende Kräuterbeete tiefgründig umgraben, feinkrümeligen, gut verrotteten Kompost und gegebenenfalls etwas Sand einarbeiten. Der Sand verhindert Staunässe.
- In der Tagespresse oder Gartenzeitschriften auf Termine von Staudentauschbörsen achten, hier können mehrjährige Kräuter getauscht oder preiswert gekauft werden.
- Pflanzzeit für mehrjährige Kräuter wie Currykraut, Heiligenkraut, Lavendel, Oregano, Salbei, Thymian, Zitronenmelisse.
- Pfefferminze wuchert sehr stark, deshalb in große Gefäße pflanzen.
- Gefäße vor dem Bepflanzen gründlich reinigen; bei neuen darauf achten, dass sie ein Wasserabzugsloch haben. Dieses vor dem Einfüllen der Erde unbedingt mit Tonscherben, einer dicken Schicht Blähton oder Seramis-Granulat bedecken, damit es nicht zu Staunässe und somit Wurzelfäule kommt.
- Mehrjährige Kräuter wie Schnittlauch, Minzen, Andorn, Thymian oder Zitronenmelisse durch Teilung des Wurzelstocks vermehren.
- Beeteinfassungen, zum Beispiel mit Heiligenkraut, Lavendel, Thymian oder Ysop, in Form schneiden.

MAI

- Schnittlauch, Thymian, Salbei und andere Würzkräuter laufend ernten.
- Kälteempfindliche Kräuter wie Fruchtsalvien oder Duft-Pelargonien ab Anfang des

Monats ins Freie stellen. Bei Nachtfrostgefahr mit einem Tuch oder Vlies schützen.

- Kästen, Töpfe und Ampeln bepflanzen; auch schön in Kombination mit Gemüsen wie Paprika oder Cocktailtomaten. Zudem an Dessert-Kräuter wie Zitronenstrauch, Ananas-Salbei, Süßkraut, Schokoladen-Minze und Zitronenmelisse denken.
- Topfkräuter regelmäßig gießen.
- Basilikum und Rukola keimen schnell; bis Ende des Monats direkt in Töpfe säen.
- Borretsch, Dill, Kerbel oder Bohnenkraut können bis Ende des Monats prima nachgesät werden.
- An Regentagen Sämlinge, vor allem Basilikum, auf Schneckenbefall hin überprüfen und gegebenenfalls absammeln.

JUNI

- Kräuter während Hitzeperioden regelmäßig gießen; Topfkräuter mitunter zweimal täglich, am besten morgens und abends.
- Durch regelmäßiges Ernten werden die Kräuter schön buschig. Dazu ein kleines scharfes Küchenmesser oder eine Schere verwenden. Was nicht sofort aufgebraucht wird, trocknen oder einfrieren.
- Bilden sich bei Majoran an den Triebspitzen die ersten Blütenknospen, ist sein Aroma am intensivsten. Auch Zitronenmelisse und Pfefferminze vor der Blüte ernten; dazu bodennah abschneiden und behutsam trocknen, zum Beispiel für Tee. Die Pflanzen treiben noch mal kräftig aus. Haupterntezeit ist jetzt auch für Kamille. Man kann sie prima trocknen für Bäder und Dampfbäder.
- Ab dem 24. Juni Johanniskrautblüten und -blütenknospen zur Öl- oder Salbenherstellung ernten.
- Zur Vermehrung von mehrjährigen Kräutern Stecklinge schneiden.
- Pflanzen regelmäßig auf Krankheiten und Schädlingsbefall hin untersuchen. Bei Befall von Pilzkrankheiten, die betroffenen Pflanzenteile sofort entfernen. Werden die Kräuter von Raupen oder Schnecken heimgesucht, diese absammeln und entsorgen.

JULI

- Weiterhin regelmäßig gießen; Topfkräuter zweimal am Tag.
- Beete unkrautfrei halten, den Boden hin und wieder lockern.
- Haupterntezeit: Zum Konservieren (Trocknen, Einfrieren, Einlegen in Öl oder Essig) die Kräuter unmittelbar vor dem Aufblühen ernten, am besten am späten Vormittag oder bei bedecktem Himmel. Ringelblumen- und Lavendelblüten behutsam ernten, auf einem sauberen Tuch im Schatten ausbreiten und trocknen lassen; für Tees, Bäder, Potpourris oder Kräuterkissen.
- Zeit für die Stecklingsvermehrung von Salbei, Duft-Pelargonien, Rosmarin, Thymian, Oregano und vielen anderen.
- Aussaat-Termin für Petersilie.
- Fruchttragende Kräuter wie Anis, Dill, Gewürz-Fenchel, Koriander und Kümmel reifen spätesten am Ende des Monats. Zum Ernten die Fruchtdolden abschneiden, locker bündeln, kopfüber aufhängen und saubere Tücher darunter ausbreiten, damit die teilweise winzig kleinen Samen nicht verloren gehen.
- Falls erforderlich, letztmalig düngen.

AUGUST

- Weiterhin ernten, auch noch zum Trocknen, Einfrieren oder Einlegen in Essig oder Öl.
- Beete ausputzen und den Boden lockern.
- Kräuter wie Thymian, Rosmarin, Dillblüten, Katzenminze, Lavendel, Currystrauch und Sonnenhut für Sträuße und Gestecke nutzen.
- Letzte Möglichkeit für die Stecklingsvermehrung.
- Topf-Lavendel: weiche Triebe zurückschneiden. Ausgepflanzt im Garten kann man damit auch bis April warten. Das hat den Vorteil, dass sich der Lavendel dann selbst vermehrt.

SEPTEMBER

- Würzkräuter für den täglichen Bedarf stets unmittelbar vor der Verwendung ernten.
- Knoblauchknollen ernten, sobald die Röhrenblätter gelb bzw. mehr oder weniger eingetrocknet am Boden liegen. Dazu vorsichtig aus der Erde ziehen, zu Zöpfen flechten. Trocken und luftig lagern.
- Frische Blätter von Pfeffer- und Orangen-Minze, Zitronenstrauch sowie Zitronenmelisse laufend für Teezubereitungen ernten.
- Ab Mitte des Monats mehrjährige Kräuter durch Wurzelstockteilung vermehren, zum Beispiel Salbei, Thymian, Oregano, Pfefferminze oder Zitronenmelisse.
- Pflanzzeit für frostharte, mehrjährige Kräuter.
- Zur Vergrößerung der Kräuterbeete lohnt es sich, Ausschau nach Pflanzentauschbörsen (siehe Anzeigen in der Tagespresse sowie in Gartenzeitschriften) zu halten.

OKTOBER

- Frostempfindliche Kräuter im Topf und Kübel in ein helles, frostfreies Winterquartier bringen.
- Basilikum und andere einjährige Kräuter ans Küchenfenster stellen und nach und nach verwenden, solange sie noch appetitlich aussehen.
- Letzte Möglichkeit, mehrjährige Kräuter zu pflanzen und kompakte Wurzelstöcke durch Teilung zu vermehren.
- Knoblauch wird nicht nur im Frühjahr gepflanzt, man kann die Zehen auch jetzt stecken.
- Kresse auf der Fensterbank ziehen.

NOVEMBER

- Ist Frost angesagt, Schnittlauch und Schnittknoblauch kurz zuvor ausgraben. Den Wurzelballen je nach Größe zwei- oder dreimal teilen und mindestens zwei Wochen im Freien liegend durchfrieren lassen. Danach auf der Fensterbank antreiben.
- Frostempfindliche Kräuter mit Reisig abdecken.

DEZEMBER

- Kräuter ab und zu gießen und auf Krankheiten und Schädlinge überprüfen.
- Kräutertöpfe, die draußen bleiben, vor Frostbeginn mit Noppenfolie umwickeln und auf Steine oder Latten stellen; so kann überschüssiges Wasser abfließen.
- Das Winterquartier der Topfkräuter an milden Tagen gelegentlich lüften. Gelbtafeln als Vorsichtsmaßnahme gegen Weiße Fliege aufhängen.

SERVICE

Kräuter- und Duftpflanzen

Kräuter- und Staudengärtnerei Mann
Schönbacherstr. 25
02708 Lawalde
Tel.: (0 35 85) 40 37 38
info@pflanzenreich.com
www.staudenmann.de

Die Kräuterei (Bioland)
Silvia Heinrich
Alexanderstr. 29
26121 Oldenburg
Tel.: (04 41) 88 23 68
kraeuterei@t-online.de
www.kraeuterei.de

Rühlemann's Kräuter & Duftpflanzen
Auf dem Berg 2
27367 Horstedt
Tel.: (0 42 88) 92 85 58
info@ruehlemanns.de
www.ruehlemanns.de

Duft- und Wandelgärtnerei Schoebel
Hindenburgplatz 3
29468 Bergen
Tel.: (0 58 45) 2 37
info@gaertnerei-schoebel.de
www.gaertnerei-schoebel.de

Kräuterey Lützel
Im Stillen Winkel 5
57271 Hilchenbach-Lützel
Tel.: (0 27 33) 38 46
info@kraeuterey.de
www.kraeuterey.de

Otzberg Kräuter
Erich-Ollenhauer-Str. 87 b
65187 Wiesbaden
Tel.: (06 11) 8 12 05 45
www.otzberg-kraeuter.de

Syringa Duftpflanzen und Kräuter
Bachstr. 7
78247 Hilzingen-Binningen
Tel.: (0 77 39) 14 52
info@syringa-pflanzen.de
www.syringa-pflanzen.de

Blumenschule Rainer Engler
Augsburger Str. 62
86956 Schongau
Tel.: (0 88 61) 73 73
info@blumenschule.de
www.blumenschule.de

Artemisia Allgäuer Kräutergarten
Hopfen 29
88167 Stiefenhofen im Allgäu
Tel.: (0 83 86) 96 05 10
info@artemisia.de
www.artemisia.de

Kräuter im Brunnenhof
Kornstr. 61
88370 Ebenweiler
Tel.: (0 75 84) 32 33
brunnenhof-kraeuter-und-mehr@t-online.de
www.brunnenhof-kraeuter-und-mehr.de

Raritätengärtnerei Treml
Eckerstr. 32
93471 Arnbruck
Tel.: (0 99 45) 90 51 00
treml@pflanzentreml.de
www.pflanzentreml.de

Accessoires und Gartenmöbel

car-Selbstbaumöbel T. Küstermann e. K.
Gutenbergstr. 9 a
24558 Henstedt-Ulzburg
Tel.: (0 41 93) 7 55 50
office@car-moebel.de
www.car-moebel.de

Manufactum GmbH & Co. KG
Hiberniastraße 5
45731 Waltrop
Tel.: (23 09) 93 90 60
info@manufactum.de
www.manufactum.de

Scheurich GmbH & Co.KG
Gottlieb-Wagner-Str. 2
63924 Kleinheubach
Tel.: (0 93 71) 5 07-0
info@scheurich.de
www.scheurich.de

Liebenauer Landleben GmbH
Siggenweilerstr. 10
88074 Meckenbeuren
Tel.: (0 75 42) 10-0
info@liebenauer-landleben.de
www.liebenauer-landleben.de

Bellissa HAAS GmbH
Eichelstr. 11
88285 Bodnegg-Rotheidlen
Tel.: (0 75 20) 95 62 46
www.bellissa.de
→ Seite 21 Gabionen Kräuterspirale

Saatgut

Keimzeit Saatgut-Fachversand
Hainholzweg 3
21358 Mechtersen
Tel.: (0 41 78) 8 18 99 50
kontakt@keimzeit-saatgut.de
www.keimzeit-saatgut.de

Gärtner Pötschke
Beuthener Str. 4
41564 Kaarst
Tel.: (01 80 5) 86 11 00
info@poetschke.de
www.poetschke.de

Bingenheimer Saatgut AG
Kronstr. 24–26
61209 Echzell-Bingenheim
Tel.: (0 60 35) 18 99-0
info@bingenheimersaatgut.de
www.bingenheimersaatgut.de

Hervorgehobene Seitenzahlen verweisen auf Abbildungen.

A

Absenker 114
Achillea millefolium 98, **98**
Agastache foeniculum 72, **72**
Ajowan 107, **107**
Alchemilla xanthochlora 98, **98**
Alliaria petiolata 72, **72**
Allium ramosum 104, **104**
Allium sativum 72, **72**
Allium schoenoprasum 73, **73**
Allium ursinum 73, **73**
Aloe vera 45, **45**, 98, **98**
Aloe, Echte 98, **98**
Aloysia triphylla 73, **73**
Althaea officinalis 99, **99**
Ampelpflanzen 31
Anethum graveolens 74, **74**
Anethum sowa 104, **104**
Angelica archangelica 99, **99**
Anis 87, **87**
Anthriscus cerefolium 74, **74**
Apium graveolens var. *secalinum* 74, **74**
Artemisia dracunculus 75, **75**
Artemisia vulgaris 75, **75**
Asiakräuter 104 ff., **104 ff.**
Aussaat 115, **115**
Aussaaterde 114
Auswahl, Kräuter 10

B

Bade-Essenzen 44
Baldrian 103, **103**
Balkon 31
Balkonkasten 32
Barbarakraut, Gewöhnliches 75, **75**
Barbarea vulgaris 75, **75**
Bärlauch 73, **73**
Bärwurz 81, **81**
Basilikum 25, **25**, 84 f., **84**

Basilikum-Pesto 60 f., **61**
Bauerngarten 16
Beet anlegen 113, **113**
Beeteinfassung 11, **11**, 22
Beinwell, Gemeiner 103, **103**
Beifuß, Gewöhnlicher 75, **75**
Blattschönheiten, Kübel 32
Blütenarrangement, Ringelblumen 41, **41**
Boden 10, 112
Bodenbelag 34
Bohnenkraut, Sommer- 91, **91**
Bohnenkraut, Winter- 91, **91**
Borago officinalis 76, **76**
Borretsch 76, **76**
Brotaufstriche 60, **61**
Brunnenkresse 86, **86**

C

Calendula officinalis 99, **99**
Carum carvi 76, **76**
Chamaemelum nobile 100, **100**
Chenopodium bonus-henricus 76, **76**
Chinesischer Lauch 104, **104**
Chrysanthemum coronarium 104, **104**
Coriandrum sativum 105, **105**
Crithmum maritinum 77, **77**
Cryptotaenia japonica 105, **105**
Currykraut 77, **77**
Cympogon citratus 105, **105**

D

Dill 74, **74**
Dill, Indischer 104, **104**
Duftkräuter 24, 28
Duftnessel 72, **72**
Duft-Pelargonien 25, **25**, 88 f., **88**
Duftpflanzen 24
Duftpotpourris 42
Duftteppich 28

E

Echinacea purpurea 100, **100**
Eibisch, Echter 99, **99**
Einfassung, dekorative 22
Einfrieren 56
Engelwurz, Echte 99, **99**
Eruca sativa 77, **77**
Estragon 75, **75**
Exotische Pflanzen 36

F

Fenchel **65**
Fenchel, Gewürz- 100, **100**
Foeniculum vulgare ssp. *vulgare* var. *dulce* 100, **100**
Frauenmantel 27, **27**
Frauenmantel, Gewöhnlicher 98, **98**
Fröste 112
Fugen 28
Fußbadesalz 44

G

Gabionen, Kräuterspirale 21, **21**
Garten-Kerbel 74, **74**
Garten-Kresse 80, **80**
Gartenmöbel 36
Gefäße 32
Gestaltungsmöglichkeiten 10
Gewächshaus 115, **115**
Gewürze 64
Goldmelisse 81, **81**
Gourmetkasten **113**
Gundelrebe 29, **29**
Guter Heinrich 76, **76**

H

Hängeampel 39, **39**
Hängeampel, Serviettentechnik 38

REGISTER

Hängepflanze **33**
Hauswurz 102, **102**
Heiligenkraut 11, **11**
Heilkräuter 98 ff., **98**
Heil-Ziest 103, **103**
Helichrysum italicum 77, **77**
Herbst-Deko 41, **41**
Hypericum perforatum 101, **101**
Hyssopus officinalis 101, **101**

I

Indischer Dill 104, **104**
Ingwer 107, **107**
Ingwer-Minze 25, **25**
Ingwerwurzel 66, **66**
Inhaltsstoffe, Gewürze 64

J

Johanniskraut, Tüpfel- 101, **101**

K

Kalender, Pflege- 120 ff.
Kamille, Echte 101, **101**
Kamille, Römische 24, 100, **100**
Kapuzinerkresse, Große 95, **95**
Kasten, Kräuter 33, **33**, 113, **113**
Katzenminze 26
Katzenminze, Gewöhnliche 86, **86**
Kerbel, Garten- 74, **74**
Knoblauch **65**, 72, **72**
Knoblauchsrauke 72, **72**
Konservierungsmethoden 56
Koriander **66**, 105, **105**
Koriander, Vietnamesischer 106,
   106
Krankheiten 112, 118
Kränze 48
Kräuter, Auswahl 10
Kräuterbad 44
Kräuteressig 60
Kräutergarten, klassischer 10

Kräutergarten, ornamentaler 14
Kräuteröl 60
Kräuterschilder 35, **35**
Kräuterschmuck 50
Kräuterspirale 20, **21**
Kräuterspirale, Gabionen 21, **21**
Kräuter, Sträuße 46 f., **47**
Kräutertee 58
Kresse, Garten- 80, **80**
Kübel, Blattschönheiten 32
Küchenkräuter 72 ff., **72 ff.**
Kümmel, Echter 76, **76**
Kümmelsamen 65, **65**
Kümmel-Thymian **12**, 24

L

Lavandula angustifolia 78, **78**
Lavendel 78 f., **78**
Lepidium sativum 80, **80**
Levisticum officinale 80, **80**
Lichtquelle 36
Liebstöckel 80, **80**
Lorbeer 65, **65**

M

Majoran, Echter 86, **86**
Marienblatt 95, **95**
Marokkanische Minze 26
Matricaria recutita 101, **101**
Mediterrane Kräuter **37**, 118
Mediterrane Terrasse 36
Meerfenchel 77, **77**
Melissa officinalis 80, **80**
Mentha x piperita 82, **82**
Meum athamanticum 81, **81**
Minze 25 f., **25**, 28, 82 f., **82**
Mischkultur 19
Mitsuba 105, **105**
Mittelmeerfeeling 34
Monarda didyma 81, **81**
Mustergarten **15**
Myrrhis odorata 81, **81**

N

Nachtkerze, Gewöhnliche 102, **102**
Namensschilder 50
Nasturtium officinale 86, **86**
Nepeta cataria 86, **86**
Nigella sativa 106, **106**
Noppenfolie 117

O

Ocimum basilicum 84 f., **84 f.**
Oenothera biennis 102, **102**
Olivenöl 60
Oregano, Griechischer 87, **87**
Origanum majorana 86, **86**
Origanum vulgare ssp. *hirtum* 87, **87**

P

Patchwork-Rasen 29, **29**
Pelargoium capitatum 88, **88**
Pelargonien, Duft- **25**, 88 f., **88**
Perilla frutescens 106, **106**
Persicaria odorata 106, **106**
Petersilie 87, **87**
Petroselinum crispum 87, **87**
Pfeffer 66
Pfefferminze 32, 82, **82**
Pflanzabstand 112
Pflanzen, Kasten 113, **113**
Pflanzkombination, Rosen 26, **27**
Pflanzzeit 20, 112
Pflegekalender 120 ff.
pH-Wert 112
Pilzbefall 118
Pimpinella anisum 87, **87**
Planung 14
Polei-Minze 28
Polster-Thymian 24
Portulaca oleracea 90, **90**
Portulak 90, **90**

Q

Quendel 96, **96**

R

Rabatten 26
Rasen, Patchwork- 29, **29**
Reinigungsmilch 46, **46**
Reisig 117
Ringelblume 99, **99**
Ringelblumen,
    Blütenarrangement 41, **41**
Römische Kamille 24, 28
Rose 'Getrude Jekyll'© 27, **27**
Rosen, Pflanzkombinationen 26
Rosmarin 90, **90**
Rosmarin-Öl 61, **61**
Rosmarinus officinalis 90, **90**
Rukola 77, **77**
Rumex acetosa 90, **90**
Ruta graveolens 102, **102**

S

Saatbänder 114, **115**
Salat-Chrysantheme 104, **104**
Salbei 26, 92 f., **92**
Salbei, Echter 92, **92**
Salvia officinalis 92, **92**
Sanguisorba minor 91, **91**
Satureja hortensis 91, **91**
Satureja montana ssp. *montana* 91,
    91
Sauerampfer, Großer 90, **90**
Schädlinge 112
Schafgarbe, Gewöhnliche 98, **98**
Schnittlauch 73, **73**
Schnittlauch-Sellerie 74, **74**
Schwarzkümmel 106, **106**
Schwarznessel 106, **106**
Sedum reflexum 94, **94**
Selbermachen 38
Sempervivum tectorum 102, **102**

Serviettenringe 50
Serviettentechnik 38, **39**, 51, **51**
Sommer-Rezept, Kräutertee 58
Sonnen-Beet 15, **15**
Sonnenhut 26
Sonnenhut, Roter 100, **100**
Stachys officinalis 103, **103**
Standort 10, 112
Stecklinge **115**
Stevia 13, **13**
Stevia rebaudiana 94, **94**
Stevie, Paraguay- 94, **94**
Sträuße, Kräuter 46 f., **47**
Süßdolde 81, **81**
Süßkräuter 10
Symphytum officinale 103, **103**

T

Tagetes tenuifolia 94, **94**
Tagetes, Gewürz- 94, **94**
Tanacetum balsamita 95, **95**
Teekräuter 58
Teilung 115, **115**
Terrakotta 35 ff., **35 f.**
Terrassenbeet 32
Thymian 10, **10**, 12, **12**, 28
Thymian 96 f., **96 f.**
Thymian, Echter 96, **96**
Thymian-Kreis 29, **29**
Thymus vulgaris 96, **96**
Tisch-Schmuck 40, **41**, **47**
Topf, Kräuter 32
Trachyspermum ammi 107, **107**
Tripmadam 94, **94**
Trockenkräuter 59, **59**
Trocknen 56, **57**
Tropaeolum majus 95, **95**
Türkränze 46

U

Überwinterung 118
Urlaubsoase 34

V

Valeriana officinalis 103, **103**
Veilchen, Duft- 95, **95**
Verdauungstee 59, **59**
Vermehrung 114
Viola odorata 95, **95**

W

Wacholder **65**
Waldmeister **25**
Wegekreuz **16**
Weinraute 102, **102**
Wiesenknopf, Kleiner 91, **91**
Winterschutz 117

Y

Ysop 101, **101**

Z

Zimt-Basilikum **25**
Zingiber officinale 107, **107**
Zitronengras **66**, 105, **105**
Zitronenmelisse 80, **80**
Zitronen-Thymian 10, **12**, 41
Zitronenverbene 73, **73**

IMPRESSUM

Mit 247 Farbfotos von:
Arco Images, Lünen/Westend 61, Doris.H: 61 ore; Arco Images/M. Kühn: 95 li; belissa HAAS GmbH, Bodnegg-Rotheidlen: 21 o beide, 21 Mitte; Heiko Bellmann: 97 (5); Otmar Diez, Sulzthal: 57 oli, 65 oli, 93 uli; Edition Phönix, Malsburg: 17, 23 ore, 23 u, 63 u; Flora Press, Hamburg: 31 beide, 33 li, 37oli, 37 ore, 45 uli; Flora Press/Bildagentur Beck: 21 ure, 27 ore; Flora Press/BIOSPHOTO/Stéphane Vitzthum: 71; Flora Press/Caroline Bureck: 47 u; Flora Press/Christine Ann Föll: 111; Flora Press/Daniela Behr: 61 uli; Flora Press/gartenfoto.at: 19; Flora Press/Helga Noack: 48, 49; Flora Press/Kramp + Gölling: 2/3; Flora Press/Living& More/Uzwei Fotodesign: 43 li alle drei; Flora Press/MAP: 4 oli, 6/7, 18, 29 o; Flora Press/Martina Schindler: 45 oli; Flora Press/Otmar Diez: 21 uli; Flora Press/Royal Horticultural Society: 27 u; Flora Press/The Garden Collection/Derek St. Romaine: 11 uli, 23 oli, 29 uli; Flora Press/The Garden Collection/John Glover: 27 oli; Flora Press/The Garden Collection/Modeste Herwig: 57 ore, 116; Flora Press/The Garden Collection/Rosalind Simon: 16 uli; Flora Press/The Garden Collection/Torie Chugg: 4 ure, 68/69; Flora Press/Visions: 37 o Mitte; Flora Press/Torie Chugg: 15 ore; GAP Photos: 113 u beide; GAP/Jerry Harpur: 15 oli; GAP/Marianne Folling: 47 o; GAP/Robert Mabic: 57 ure; Gartenschatz GmbH, Stuttgart: 12 u, 25 ure, 29 ure, 63 oli, 65 ore, 65 ure, 72 li, 72 Mi, 73 alle drei, 74 alle drei, 75 alle drei, 76 li, 76 re, 77 li, 77 re, 78 u, 79 Mitte li, 79 ore, 80 alle drei, 81 li, 82 beide, 83 alle sieben, 84, 85 oli, 85 u beide, 85 ure, 86 alle drei, 87 Mitte, 88 u, 88 ore, 88 li (3), 88 ure, 90 alle drei, 91 alle drei, 92 alle drei, 93 (3, 4, 5, 7, 8), 94 Mitte, 94 re, 95 re, 97 (1, 2), 98 alle drei, 99 alle drei, 100 alle drei, 101 alle drei, 102 alle drei, 103 alle drei, 105 li, 105 re, 106 li, 106 re; GBA, Au-Hallertau/Noun: 115 li Mitte; Michael Hassler, Bruchsal: 81 Mitte; Frank Hecker, Panten-Hammer: 81 re, 95 Mitte; Helmold & Hertrich/Markus Hertrich, Hamburg: 39 Mitte re, 39 ure; Kiepenkerl-Pflanzenzüchtung, Everswinkel: 85 li Mitte (2), 97 (7); Botanik Bildarchiv Laux, Biberach/Riß: 12 o, 77 Mitte, 78 o, 79 oli, 79 Mitte u, 79 ure, 85 u Mitte, 87 li, 94 li, 96 uli, 97 oli, 97 ore, 97 (6, 8), 104 re, 105 Mitte, 106 Mitte, 107 li; LBP/Roland Krieg, Waldkirch: 43, 51 o beide, 51 u, 59 u beide, 63 ore beide; Dirk Mann, Dresden: 104 Mitte; Kerstin Mumm, Braunschweig: 107 re, 113 o beide, 115 o beide; picture&publicity, Alveslohe: 39 o beide, 39 uli; Reinhard-Tierfoto, Heiligkreuzsteinach-Eiterbach/H. Reinhard: 85 o Mitte, 85 ore; Christel Rupp, Offenburg: 16 oli, 25 ore; Peter Schönfelder, Pentling: 76 Mitte; Shutterstock: 4 uli, 4 ore, 13, 25 oli, 29 Mitte li, 35 ore, 45 o Mitte, 45 ore, 52/53, 4 ore, 57 uli, 65 Mitte re, 65 uli, 66 beide, 67, 72 re, 108/109, 123; Roland Spohn, Engen: 79 (6), 79 (5), 87 re, 104 li, 107 Mitte; Stockfood, München/Roland Krieg: 59 ore; Friedrich

Strauß, Au-Hallertau: 9, 11 ore, 30, 33 li beide, 33 ore, 35 oli, 35 u, 37 u, 41 alle drei, 51 Mitte re, 59 oli, 61 oli, 115 u li, 115 ure, 117, 119; Syringa Duftpflanzen und Kräuter, Binningen: 25 uli, 88 re Mitte (2), 89 (4), 89 (5), 89 (6) 89 (7); Annette Timmermann, Kalübbe: 11 oli, 45 ure;

Mit 18 Illustrationen von:
LBP/Ushie Farkas-Dorner: 11 ure; Ruth Fritzsche, Solingen: 15 u; Shutterstock: 1, 8, 19, 24, 28, 31, 34, 36, 40, 42, 44, 54, 66, 110, 118, 127;

Umschlaggestaltung von Gramisci Editorialdesign, München unter Verwendung einer Aufnahme von StockFood Visions B. V. (Umschlagvorderseite) sowie vier Aufnahmen auf der Umschlagrückseite von Flora Press/Visions (li), (mire); shutterstock/Floydine (mili), shutterstock/gorillaimages (re);

Mit 252 Farbfotos und 18 Farbzeichnungen.

Unser gesamtes lieferbares Programm und viele weitere Informationen zu unseren Büchern, Spielen, Experimentierkästen, DVDs, Autoren und Aktivitäten finden Sie unter **kosmos.de**

FSC
MIX
Papier aus verantwortungsvollen Quellen
FSC® C084279

Gedruckt auf chlorfrei gebleichtem Papier

© 2015, Franckh-Kosmos Verlags-GmbH & Co. KG, Stuttgart.
Alle Rechte vorbehalten
ISBN 978-3-440-14641-5
Projektleitung: Birgit Grimm
Redaktion: Birgit Grimm
Bildredaktion: Birgit Grimm
Gestaltungskonzept: Gramisci Editorialdesign, München
Gestaltung und Satz: Walter Typografie & Grafik GmbH
Produktion: Jürgen Bischoff
Printed in Slovenia / Imprimé en Slovénie